HSU

A LECTURE ON AN OVERVIEW OF INTERNATIONAL LIBERAL ARTS

「国際教養概論」講義

RYUHO OKAWA

大川隆法

まえがき

「国際教養概論」を語ってみたが、生き恥をさらしているようでどうもスッキリしない。ハリウッド映画の西部劇を観《み》て、『黒澤明《くろさわあきら》の「七人の侍《さむらい》」』のリメイクだね、とのたまっている、国産老人のたわごとのようで、だんだん身が縮んでいくのを感じる。

一般には英語が苦手だとされる日本人でも、国際派は結構うるさい。私でも三十年ほど前には、ハワイに観光に行って、十秒英語をしゃべっただけで、「ウォー、完璧《かんぺき》なニューヨーク・イングリッシュだ。アメリカはどちらの大学に留学されましたか。」と聞かれたもんだ。ずっと若い頃、英検一級、国連英検A級・特A級のインタビューテストを受けたが、試験官は一様に、「日本人の英語じゃないね。あなた一体どこで英語の勉強したの。」と開口一番言った。

この錆《さ》びついた刀を時折磨き直しながら、国際情勢を勉強してきた。専門家以外の方に読んでもらえば、多少なりとも参考になるだろう。

二〇一五年　一月二十七日

幸福《こうふく》の科学《かがく》グループ創始者兼総裁《そうししゃけんそうさい》

ＨＳＵ（ハッピー・サイエンス・ユニバーシティ）創立者《そうりつしゃ》

大川隆法《おおかわりゅうほう》

「国際教養概論」講義　目次

まえがき　1

「国際教養概論《がいろん》」講義

二〇一四年十二月十八日　説法《せっぽう》
東京都・幸福の科学総合本部にて

1　「国際教養」の定義ができない日本の大学教育　12
意外にもなかった、「国際教養」という名前の付いたテキスト　12
国際教養は定義ができない「おでん」のようなもの？　14
国際教養について大まかに言われている「三つのこと」　17
「専門性のある学問」を英語で講義するのは、なかなか難しい　19
外国仕様になった日本食のように、限界を感じた「日本史」講義　22

国際教養大学の必読書は新渡戸稲造《にとべいなぞう》の『武士道』 25
『武士道』に見る、「日本的な考え方」を発信することの難しさ 27
2 **日本語の「訛《なま》り」が英会話に与《あた》える影響《えいきょう》** 30
秋田《あきた》弁の〝利点〟についての独自の見解 30
「秋田弁はフランス語のようだ」という意見には異論がある 32
〝関西弁の英語〟を話す、竹村健一《たけむらけんいち》のエピソード 34
3 **国際教養を身につけるための英語学習法** 37
『黒帯英語』に入れられない英語のスラング 37
一流の俳優にスラングをしゃべらせるハリウッド映画 40
日本語にうまく訳せない映画のタイトル 43
映画を観《み》て〝立体的〟に覚える英語学習 44
一日三時間英語学習をすれば、会話レベルはキープできる 48
日本人は日本語で勉強できる範囲《はんい》が広い 49

日本語の能力が高い人は、英語学習の速度の遅《おそ》さに耐《た》えられない　51
重要な情報を得るための英字新聞の読み方とは　54

4　国際的に通用する「教養」の高め方　56
あまり偉《えら》くない無名のうちに海外経験を積むとよい　56
英語だけではなく、「教養」や「専門知識」の勉強も必要　58
まずは、中央紙の一紙を読み解く努力を　60
新聞は、繰《く》り返し読み続けることで意味が分かってくる　62
活字の弱点を補《おぎな》う「テレビの力」とは　65
「隠《かく》れた勉強」に驚《おどろ》かされた、アメリカでの体験　68
重厚な小説を読んで、国際教養人になるための「中身」をつくる　72

5　外国語学習の意外な落とし穴　76
短期留学先の授業が始まる前に英語セミナーを行《おこな》った三男　76
留学生を「英検準一級レベルまで」と見ているカリフォルニア大学　78

「英語だからレベルが上」というわけではない　82
学力のレベルに合わせて取り組むべき「専門的な内容の勉強」　84

6　第二外国語習得の難しさ　87

第二外国語以降の言語を勉強する際の注意点　87
仕事で要求されるレベルの語学力を身につけることの難しさ　89
高卒でも六カ国語を学んでウガンダ大使になった人もいる　92
高校時代に覚えた小説の一節を、ドイツ語で暗唱してみせた上司　96

7　知っておきたい外国語学習のポイント　98

外国語学習の本質は「見切り」だと知ることが大事　98
まず、「世界共通語」としての英語を実務で使えるレベルまで上げる　99
ＴＯＥＩＣ《トーイック》と英検ではどちらが難しいか　101
私のつくった英語教材で成績アップ者が続出　103

8　「国際人の条件」について　106

国際人の条件①――「英語」で世界に情報発信ができる　106
・国連で英語演説をし、ノーベル平和賞を受賞したマララさん　106
・ドラッカーは英語で読むほうがよく分かる？　108
国際人の条件②――世界の中心的な国の文化や
宗教、政治について知っている　109
国際人の条件③――「日本について語れる内容」を持っている　111

9 「グローバリズム」とは何か　114

グローバル人材について〝口頭試問〟をした大学審議会《しんぎかい》　114
「グローバリズム」を中国語に言い換《か》えただけの「全球主義《ぜんきゅう》」　116
「受け身の国際化」と「能動的なグローバリズム」という説　117
日本の大学は海外の大学に比べて後《おく》れているのか　119
日本経済を弱らせた「グローバルスタンダード」という考え方　121
リーマン・ショックで明らかになった「日米の逆転」　123

「二大政党制」は必ずしも進んでいるシステムとは言えない　125
世界一に向かっている中国に留学しない理由　126
あとがき　128

「国際教養概論《がいろん》」講義

二〇一四年十二月十八日　説法《せっぽう》
東京都・幸福の科学総合本部にて

1 「国際教養」の定義ができない日本の大学教育

意外にもなかった、「国際教養」という名前の付いたテキスト

三週間ほど前（二〇一四年十一月末ごろ）に、ＨＳＵ（ハッピー・サイエンス・ユニバーシティ）のほうから、「テキストを八冊ほど作成してほしい」という依頼《いらい》が来ました。もしかすると、私に選挙（二〇一四年十二月十四日に行われた第47回衆議院議員総選挙）の街宣をさせないための方策だったのかもしれませんが、八冊分のテーマが出され、「それらのテキストをつくってほしい」ということでした。その七冊目に当たるのが、今日の「国際教養概論《がいろん》」です。

この題を最初に見たとき、「あれ？」という感じがしたのを覚えています。「『国際教養概論』など、このようなものは、総裁がやらなくても弟子《でし》でできるでしょう

が。甘《あま》えているのかな」と最初は思ったのです。「そのような本はゴロゴロあるだろう」と私は思っていたわけです。

それで、自分の書庫の本を見に行ってみると、意外に、ないのです。「国際教養」と書いてあって、「入門」や「概論」、あるいは、「学」と付いているものがないので、「蔵書がやや古くなったのかもしれない」と思いました。

秋田《あきた》の国際教養大学は、十年ほど前にできて、その分野でそうとう有名になっていますし、早稲田《わせだ》大学の国際教養学部など、「国際教養学部」を名乗るようなところも増えています。

そのように、「国際教養」という言葉はかなり知れ渡《わた》ってきているので、「もう普通《ふつう》なのではないか。大学などへ行けば、入門テキストのようなものがゴロゴロ転がっているのではないか」と思っていたわけです。

そのため、「最近のものは買っていなかったのかな」と思い、秘書に、「このような名前のテキストがあるに違《ちが》いないから、集めてきて」と言ったところ、しばらくしても出てこず、何日かたつと、ポッポッと数冊、この名前ではない、関係のないものが並んでいるので、「あれ？　おかしいな」と思いました。「国際教養」と書いたものが出てこないわけです。

結局、今朝になって、「国際教養について語れる日本人がいないのだ」ということが、やっと分かりました。「ああ、そういうことだったのか。実は、これを語れる人はいないらしい」ということに気がついたのです。ですから、これは弟子も困るわけです。

国際教養は定義ができない「おでん」のようなもの？

しかし、大学としては、この名前はおそらく就職に有利なのだろうと思います。「外国語学部」などといっていたようなところが、「国際教養学部」と名前を変え、看板を変えていっています。ただ、その定義なるものは、どうもはっきりとはしていないようです。

そのため、勘《かん》で、「秋田の国際教養大学をつくったときに、秋田の山のなかでも生徒が来るように、東京外国語大学の学長をしていた中嶋嶺雄《なかじまみねお》氏（故人）を学長に据《す》えて、看板として連れていったはずだから、中嶋嶺雄氏は、さすがに、これについて定義しているはずだ」と思って、中嶋嶺雄氏の本を三、四冊読んではみたのですが、「あれ?」というような感じでした。

本にはなっているものの、要点をまとめれば、三ページ以内にまとまるようなことしか書いていなくて、雑談というか、エッセイ集だったのです。東京外大の先生が外国語に関係するエッセイを書いたものをまとめたような本ばかりで、「国際教養の定義」らしきものは何も書かれていないのです。

「それはないでしょう。いくら何でも、『〝営業〟をやっていて定義がない』というのはないんじゃないですか。〝おでん屋〟なら〝おでんの定義〟ぐらいつくってくださいよ」という感じは若干《じゃっかん》ありますが、やはり、「おでん」というのは何を放り込《こ》んでもよいので、定義はないのかもしれません（笑）。「このようなものです」と言うしかないのでしょう。

「ちくわは要《い》るんですか」「こんにゃくはどうですか」「豆腐《とうふ》は入っていないと駄目《だめ》なんですか」などと、いろいろ言われ、「どこまでがおでんの定義ですか」と言われても、やはり、「分からない」と言えばそうかもしれません。「冬場によく食べられる、グツグツと煮《に》て、からしを付けて食べるものです」という、それらしいこと以外は言えないのが、おでんなのかもしれません。ちょうど、それに似たような感じを受けました。

「おでんの定義を言ってみろ」と言われたのと同じような感じで、「それらしいことは描写《びょうしゃ》できるものの、『これが、おでん』とは言えない」というような、「どうにでも工夫《くふう》もできるし、中身も変えられるし、味も少し変わる」という感じでしょうか。そうしたことを感じました。

国際教養について大まかに言われている「三つのこと」

とにかく、秋田に行って国際教養大学を開いた以上、いちおう何かそれらしく宣伝で本を書かなくてはいけないので、何冊か中嶋氏は書いていています。それで、読んでみたのですが、結局、国際教養についてはは分かりませんでした。

いちおう、東京外大の先生が秋田に移った理由のような感じのことは、いろいろと書いてはありました。つまり、「秋田だけど来てくださいね」ということだけがいろいろ書かれているような内容であったように思われます。

そのようなわけで、私が読んだかぎりでは、国際教養のはっきりとした定義は分かりませんでしたが、だいたい、かろうじて言っていることは、「いちおう、『国際教養』と言っているものの、外国語学部の親戚《しんせき》みたいなもの、外国語学部とほぼ似たようなものであるから、国際コミュニケーション、つまり、外国語を使ってのコミュニケーションができるようにならなくてはいけない」というようなことでした。

国際教養については、このあたりが一番目に来て、二番目に言っているのは、「何か少し専門性のある学問みたいなものも、ついでに身につけたい。単に、コミュニケーション、英会話ができるだけではなくて、少し専門性のある学問みたいなものをついでに学べるとよい」ということです。これは、おそらく、「就職を有利にする」という意味かと思います。

単なる〝英語屋〟や〝外国語屋〟であるだけだと、通訳と翻訳《ほんやく》に使われてしまって、いわゆる「ビジネスエリート」としては使ってくれない可能性があるので、他の法学部や経済学部などを出ているような人たちが専門知識を使ってやれているように、「何か少し、実学みたいなものをかじっているような雰囲気《ふんいき》を出さなくてはいけない」ということらしいのです。

また、三番目には、「国際人として恥《は》ずかしくないような人格というか、精神性というか、そのようなものを何か持たせたい」というような意味で、「国際教養」という言葉を使っているのかなというのが、私の感想です。

はっきりした定義ではないので感想ですが、その三つぐらいは言っているような感じがしました。

ですから、「異文化コミュニケーションの道具としての外国語が使いこなせるように」ということ。次に、いちおう、そうしたコミュニケーションだけにとどまらず、「何らかの専門性のある学問みたいなものも少しやりたい」。おそらく、「それを英語等を使ってやりたい」ということだと思います。

また、三番目には、「そうした国際的に通用するような人材になるための人間性や人格などの精神性、バックボーンのようなものを何か身につけられるとよい」ということであったように思います。

「専門性のある学問」を英語で講義するのは、なかなか難しい

最初の「外国語によるコミュニケーション」のところは従来からあるものなので、特に言うほどのことはないと思います。

二番目の「少し専門性のある学問みたいなものを入れたい」というところは、先ほど述べた、「おでんの具を何にすればよいのか」というところだと思います。実は、各校ともここに苦しんでいるために、国際教養の定義ができないのだと思うのです。

「具として何をおでんのなかに入れるか」は、どのような先生が手持ちでいるかによって内容が変わるために、決めることができないわけです。法学だとか、経済学だとか、外交だとか、文化論だとか、いろいろあるものの、「それらについて英語で授業ができるか」と言われると、できる人もできない人も当然いるし、できる人のほうが数は少ないでしょう。そのため、「おでんの具について定義ができない」ということなのかなと思います。

いちおう、国際教養大学では、「全科目、英語で授業をする」、要するに、「第二外国語についても英語で講義をする」という方針でやっているようなので、なかなか大変だとは思うのです。

ただ、以前、私も少し指摘《してき》したことがありますが、英語でやればレベルが上がるというわけでは必ずしもなくて、科目によっては、英語でやると内容のレベルが下がることがあります。

例えば、法学部なら法学部で、日本の法律や法律学の解釈《かいしゃく》について、英語で講義したらどうなるでしょうか。これは、レベルに差があることは明らかです。もう限界は明らかにあります。どれほど英語の達人であっても、「日本の、日本語で書いてある法律の条文と判例と、その解釈について英語で説明する」となったら、はしょりにはしょって、できるだけ簡単《かんたん》にやる以外、方法はありません。

たまたま、日本国憲法のように、英文の草案《そうあん》があるような箇所《かしょ》は少し楽ですが、それ以外の日本の国会でつくられた法律について英語で解説するのは、それほど楽ではありません。

日本語自体、一読して分からない日本語が極《きわ》めて多いので、英語でそれほど簡単にできる人がいるとは思えないのです。下手をすれば、すごく浅い、まるで外国人向けのガイダンスレベルの授業になる可能性は極めて高いと、私には感じられました。

外国仕様になった日本食のように、限界を感じた「日本史」講義

これは、以前、例に出したことがありますが（『外国語学習限界突破法』〔幸福の科学出版刊〕参照）、ハーバード大学で、「白熱教室」のような感じで日本史を教えていた日本人女性の先生がいます。日本人女性に関する「Lady Samurai《レディサムライ》」という授業で、ハーバードにしては珍《めずら》しく、日本史の授業を取る人が二百人以上来て、白熱していたということです。

しかし、英語でやっている授業を聴《き》いてみましたが、「漫画《まんが》のレベル」と言うと怒《おこ》られるので、少し言葉を改めますが、いわば「京都観光ガイドのガイドブックのレベル」でした。

京都や奈良の通訳ガイドをするためには試験があり、いちおう、お寺など、いろ

いろな説明をしなくてはいけないので、勉強しなければできないのですが、「アメリカ人が関心を持つのは、京都か奈良《なら》程度だろう」というわけで、ハーバードにいたその女の先生も、だいたい、そのあたりを中心に日本の歴史を説明していました。

ですから、日本人がその授業を日本語で聴いたとしたら、それは物足りないでしょう。そのように、「まことに物足りないけれども、これが日本史か」とアメリカ人に思われると、やはり少し問題はあるかなと思います。

しかし、彼らアメリカ人が分かる範囲《はんい》でしかやっていないので、〝日本食のニューヨーク変化形〟のような感じでしょうか。日本食をそのままつくるとニューヨークのアメリカ人がなかなか食べてくれないので、向こうの人が食べられるようなものに、材料も調理法も変えて、やっているような感じなのかもしれません。

あるいは、焼き肉（鉄板焼き）でも、日本ではそれほど派手に演出しながら食べるということをしませんが、アメリカへ行くと、レストランの紅花《べにはな》（BENIHANA《ベニハナ》）のようなところでは、〝二丁拳銃《けんじゅう》〟風にヘラとフォークなどを出し、チャンチャカ、チャンチャカやっています。

実際は肉を食べているというよりも、その演技を見ているだけで、日本人が見ると面白《おもしろ》くも何ともないのに、外国人が見ると、〝二丁拳銃〟でパンパカ、パンパカやっていくのが面白いらしいのです。別に味がいいわけではないのかもしれませんが、「そうした技が見られるところがいい」というわけです。

日本のほとんどのお店では、そのようなことはやっていません。日本では、やはり、みんな、中身・味のほうが問題であって、そうした包丁《ほうちょう》の技を競《きそ》うなどというのは、寿司《すし》屋か何かで包丁の切れ味を競うようなコンテストでもやるのなら、あるかもしれませんが、食べるほうは包丁ではなくて、やはり出てきた寿司の味などを見ます。ただ、外国仕様になれば、そうした演出になるわけです。

同様に、日本についての説明も、外国仕様になれば、そのようになるのかなと思い、「専門の学問を英語で全部やることには、限界はあるのかな」というような感じは受けました。

国際教養大学の必読書は新渡戸稲造《にとべいなぞう》の『武士道』

それから、三番目の「国際人になるための精神性、哲学《てつがく》というか、そうした人格を何か持たなくてはいけない」ということについて、中嶋嶺雄氏が言っているのは、「とにかく、国際教養大に入ったからには勉強してもらいたい」ということで、参考書のようなものとして新渡戸稲造《にとべいなぞう》の『武士道』を挙《あ》げています。この『武士道』を読むことを必修としており、一冊だけ言うとしたら、これです。

中嶋氏がサービスで十冊ぐらい挙げてあるものもありましたが、「一冊で言えば、

新渡戸稲造（1862 ～ 1933）
若き日に「われ太平洋の橋とならん」と志を立て、東京帝国大学教授等を歴任したのち、国際連盟の事務次長に就任。著書『武士道』は世界的ベストセラーになった。クリスチャンとしても知られる。（右：新渡戸稲造の霊言が収録された『日本人よ、世界の架け橋となれ！』〔幸福の科学出版刊〕）

新渡戸稲造の『武士道』を読んでください」と言っているので、少し〝ずっこけ〟ました。

さすがに、それは百年以上前の本ですし、日本人が外国に向かって情報発信できないで苦しんでいた時代に出されたものです。

新渡戸稲造は、アメリカ人と結婚《けっこん》していたのですが、その妻や、ベルギーの教授から、「日本で宗教はどうなっているのですか」などと訊《き》かれたことがありました。それで、その教授に「日本人は無宗教だ」ということを言うと、「えっ!? 無宗教で、道徳などの善悪を、いったいどうやって判断するのですか」というように繰《く》り返し訊かれ、「無宗教だと『道徳がない』と思われるのか」と思って、困ったことがあったのです。

そのため、その後、腕組《うでぐ》みをしてウンウン言って考え続けたところ、「ああ、そういうものとして、日本には武士道があるのだ」ということに気づいたわけです。そこで、その武士道についてまとめ、英語で書いて発表しました。それが世界的ベストセラーになったのです。

そのように、『武士道』は世界的に読まれ、有名になりました。また、日露《にちろ》戦争では、アメリカのセオドア・ルーズベルト大統領が日露の仲介《ちゅうかい》・調停をしてくれて、日本の〝判定勝ち〟になりましたが、それには、彼が『武士道』の愛読者であって、非常に日本ファンになってくれていたということも効いていたらしいのです。

その後、新渡戸稲造は、国際連盟の事務次長になって活躍《かつやく》しました。そのようなわけで、代表的な日本人の一人にもなっていますが、その新渡戸稲造の『武士道』を、国際教養大学では必読書として挙げていました。

『武士道』に見る、「日本的な考え方」を発信することの難しさ

これは、気持ちとしては分かりますが、今の時代では、少し誤解を生む面もあることはあります。アメリカで「武士道」と言うと、もう「切腹《せっぷく》」「ハラキリ」、あるいは、お決まりの「忍者《にんじゃ》」というような感じになります。おそらく、日本の「戦国

物」等で、そのような誤解というか、日本像を抱《いだ》いている人がかなりいるのでしょう。

以前も述べたように（『プロフェッショナルとしての国際ビジネスマンの条件』〔幸福の科学出版刊〕参照）、映画の「X《エックス》－メン」シリーズで、主役のウルヴァリンが日本に来て戦う「ウルヴァリン：SAMURAI《サムライ》」という作品がありましたが、「いくら何でも、これはないでしょう」というような映画でした。

映画には、ヤクザも出てくれば、忍者も出てきます。ウルヴァリンは超人《ちょうじん》であり、超能力者のような改造人間ですが、彼がかぎ爪《づめ》を出して、忍者と戦うようなシーンがたくさん出てくるのです。

しかし、今、日本に忍者は住んでいません。新幹線の上でウルヴァリンと忍者が戦うようなことはあるわけがないでしょう。

ただ、そう思うものの、「この非現実が通る」というか、「それをやらなければ、アメリカや全世界で映画が上映できない」というようなところもあるのだと思います。

その意味で、国際教養大学では、『武士道』を必読書として挙げていましたが、若干《じゃっかん》、誤解を生む可能性もあるでしょう。

また、「日本の武士道や特攻隊《とっこうたい》精神が、今のイスラム系の、やや残酷《ざんこく》な自爆《じばく》テロみたいなものに転化していっている」とも言われているなかにおいては、そのままストレートに受け取られても困る面もあるのではないでしょうか。「いまだに、日本人は、ああしたことをやっているのか」と思われると、若干、困るかなというようには感じました。

それほど、日本から国際的に、「これが日本人だ」「これが日本的な考え方だ」「これが世界に通用する日本の誇《ほこ》るべき考え方だ」というものを出すのは、難しいことなのだと思います。

2　日本語の「訛《なま》り」が英会話に与《あた》える影響《えいきょう》

秋田《あきた》弁の〝利点〟についての独自の見解

秋田《あきた》の国際教養大学は最近、有名になっています。全国から生徒も集まり、就職率も「百パーセント」と言われていて、「東大よりも就職率がいい」ということで、評判なわけです。

中嶋嶺雄《なかじまみねお》氏は、新渡戸稲造《にとべいなぞう》以外にも、秋田出身で有名になった人を数人挙げており、「このような人になれ」というようなことを言っていました。

また、明石康《あかししやすし》氏という国際連合の事務次長をやった人がいます。明石氏は、東京都知事選にも出たことがありますが、中嶋氏の本では、その明石氏の言葉なども引用してありました。

秋田に行くと、日本語も、当然訛《なま》っています。「秋田弁」というのは、日本語としては、世界的には通用しないレベルまで〝曲がって〟いますので、「秋田の山のなかで教える」ということに対しては、「少し不利なところがあるのではないか」という意見は当然ながら出るでしょう。

それを中嶋氏は、明石氏の「秋田弁の英語もいいのではないか」という言葉を紹《しょう》介《かい》して、「いや、秋田弁はいいんだ。秋田弁というのは鼻にこもるような発音の仕方をするので、実にいい。秋田弁を使う人に英語を習うと、鼻音《びおん》のところで適度にリエゾン（前の言葉と次の言葉とをつなげて発音すること）して、フランス語訛りの英語に聞こえるので非常に国際的だ。フランス語もやった人の英語に聞こえる」というようなことを言っています。

そのように、中嶋氏は、「秋田弁の英語は〝フランス語英語〟に聞こえていい」というように、明石氏がのたまっていることを引用して言っています。わざわざ、秋田という「地の利の不利」を振《ふ》り払《はら》うために言っているわけです。

「秋田弁はフランス語のようだ」という意見には異論がある

私は、「なるほど、そういう言い方もあるのか。秋田弁訛りの英語をしゃべると、『フランスに行っていたのですか』と言われるような英語になる。そういう宣伝の仕方もあるのか」と少し驚《おどろ》いたのですが、これには私も異論があります。

というのも、私には、次のような体験があるからです。

私は、徳島《とくしま》から東大の文Ⅰに入りました。そして、剣道部《けんどうぶ》に入って、本郷《ほんごう》の七徳《しちとく》堂《どう》という武道場で練習をしていました。そこは、剣道のほか柔道《じゅうどう》、空手なども練習をしていたところです。

その剣道部に入っていた人のなかに、東京出身で、筑駒《つくこま》（筑波《つくば》大学附属駒場《ふぞくこまば》高校）を出て、東大の文Ⅱに来ていた人がいました。私は、部活の練習が終わったあとに彼とコーヒーを飲みながら話をしていたのですが、彼は、私の話をずっと聞いていて、「君の日本語には、フランス語訛りがある」と言ってきたのです（笑）。

「フランス語訛りがある」と言われても、徳島の学校でフランス語を教えているわけがありませんし、一度も習ったことはありません。それにもかかわらず、「君のアクセントと発音は、フランス語のアクセントと訛りだ。見事に、フランス語的な、柔《やわ》らかく曲線を描いた日本語をしゃべっている」と言うわけですが（笑）、それは単なる関西弁の変形なのです。

徳島弁がフランス語に聞こえるのであれば、「秋田弁がフランス語だ」というのも、ほとんど、こじつけにしかすぎないでしょう。秋田出身の人に徳島弁を聞いてもらったところ、「三割しか理解できない」と言われたこともありますから、まったく〝別言語〟だと思います。ヨーロッパであれば、異言語に相当するぐらいの違《ちが》いがあるのではないでしょうか。しかし、その私が、「君、高校でフランス語をやっただろう」と言われたのです。

確かに、早大学院《そうだいがくいん》（早稲田《わせだ》大学高等学院）のようなところでは、高校でフランス語の授業をしていますし、暁星《ぎょうせい》高校でもしているようです。そのように、高校から第二外国語としてフランス語を習わせて、差をつけようとしているような優秀《ゆうしゅう》な東京の高校も一部にはあります。しかし、田舎《いなか》で同じことをやっていたら、学力が落ちこぼれてどこにも行けなくなるため、そんなバカなことはやりません。ところが、その私でさえ、「フランス語をやっただろう」と言われたことがあるぐらいなのです。

〝関西弁の英語〟を話す、竹村健一《たけむらけんいち》のエピソード

確かに、評論家の竹村健一《たけむらけんいち》さんがお元気だったころ、テレビ番組にときどき外国人を出演させていましたが、英語で会話をしているときに、見事な〝関西弁の英語〟をしゃべっていました。英語ではあるのですが、イントネーションが完全に関西弁なのです。（手で波形《なみがた》の曲線を描きながら）どう聞いても、関西弁の曲がり方でしゃべっていました。

私は、そのとき、「ああ、関西弁だ。これでもいいのか」と思ったことを覚えてい

ます。「やはり、関西の人は、外国に行って英語を覚えてきても、関西弁の英語をしゃべるのだな。いろいろあるのだな」ということだけは、よく分かりました。それでも、けっこうしゃべれるわけです。

ところで、竹村さんは、年を取って引退するころに、奥《おく》さんやほかの人たちと一《いっ》緒《しょ》に世界一周クルーズに行ったそうです。そのとき、日本人たちがみな、一言《ひとこと》も英語をしゃべらずに沈黙《ちんもく》し続けているので、英語を話すガイドは「分からないだろう」と思ってバカにし切って、英語でいろいろな雑談をしたり、悪口《わるぐち》を言ったりしていたらしいのです。竹村さんにはそれが聞こえていたのですが、日本人の群れに入ると、ほかの人が黙《だま》っているために英語をしゃべることができず、黙っていました。

しかし、最後のころになると、腹に据《す》えかねたため、英語でまくし立てて文句《もんく》をたくさん言ったところ、向こうは、「おまえ、英語をしゃべれたのか」という感じで慌《あわ》てて、恐縮《きょうしゅく》して態度を改めた、というような話があったことを覚えています。

やはり、日本人の群れのなかに入ると、英語がしゃべれる人でも、〝沈黙の圧力〟

があって、しゃべれないようなところがあるわけです。

いずれにせよ、完璧《かんぺき》な〝純粋培養《じゅんすいばいよう》型〟の英語は、それほど簡単にしゃべれないため、ある程度の諦《あきら》めも要《い》るのではないかと思います。

3　国際教養を身につけるための英語学習法

『黒帯英語』に入れられない英語のスラング

　また、ＨＳＵ（ハッピー・サイエンス・ユニバーシティ）では、『黒帯英語』シリーズ（宗教法人幸福の科学刊）のテキストを使いますが、口語英語で俗語《ぞくご》的なものについては、少し入れてはいるものの、基本的に、あまりにもきつくて、しゃべってしまうと恥《は》ずかしい俗語は入れていません。私としては、「本当は入れないと分からないだろうな」と思うことは、ずいぶんあるのですが、「やはり、紳士《しんし》、淑《しゅく》女《じょ》がしゃべったら恥ずかしい」と思うものはあるため、収録していないものがたくさんあるのです。

　例えば、私が高校二年生のときに、英語の先生が、“son《サン》 of《オブ》 a《ア》 bitch《ビッチ》” という言葉の綴《つづ》りを、顔を真っ赤にしながら黒板に書いていました。外国的感覚が分かるのかどうかは知りませんが、白い頬《ほお》を赤く染めて、後ろめたそうに「こういう悪い言葉は、使ってはいけませんよ」と言っていました。さらに、「いちおう、知っておかないといけませんから言いますが、これは、ものすごく悪い言い方で、侮辱《ぶじょく》する言い方なんです。何と翻訳《ほんやく》しても構わないけれども、かなり悪い、バカにした言い方です。ただ、たまに使われますので、知っておくだけは知っておいてください。でも、恥ずかしい言葉です」と言っていたのを覚えています（注。“bitch”は雌犬《めすいぬ》、あばずれ女の意味）。

あるいは、アメリカ映画でも、日本語に訳せない題の作品がときどきあるので、その言語をそのままカタカナにしただけにしているものもたくさんあります。

例えば、一年ほど前に、「キック・アス（Kick-Ass）2」という映画が来ていましたが（二〇一四年公開）、日本語に訳せないので、「キック・アス」をそのまま題にしていました。

その言葉は、その時点では、『黒帯英語』シリーズのなかには入れませんでした。映画が公開される以上、入れなくてはいけないかなと思いつつも、『黒帯英語』の品が落ちるため、やはり入れられず、結局、「もう、勝手に覚えてくれ」ということで入れませんでした。映画を観《み》たら意味ぐらいは分かるだろうということで、入れなかったわけです（その後、『黒帯英語三段⑩』の英検一級レベルの節で、俗語として軽く触《ふ》れている）。

要するに、「キック・アス」は、「お尻《しり》を蹴《け》る」というような意味ですから、あまりよい英語ではないでしょう。それをどのように意訳するかは自由ですが、訳すに訳せないものではあります。ただ、そういうものもよく出てきます。

それから、もう一つ、日本語で言えば、「おまえの母ちゃん、でべそ」的な意味として、“mother《マザー》”に「f」から始まる言葉を付ける英語が、映画を観るとよく出てくるのです。それは、“You《ユー》're《アー》 mother ……。”という表現です。

これも、収録しようかとは思ったのです。やはり、習っていないと、日本人には分からないかもしれないでしょう。しかし、こんな言葉をしゃべったら、一流のビジネスマンとしては、一発で失格です。使ったら〝終わり〟ですから、むしろ、知らないほうがよいと思います。おそらく、英語に慣れたら意味は分かるでしょうから入れてはいません。

そのように、スラングはたくさんあるのです。

一流の俳優にスラングをしゃべらせるハリウッド映画

ところが、カリフォルニア州のなかでも、特に、映画をつくっているハリウッド辺《あた》りの人は、そこの言葉が世界の標準語だと信じ切っています。私には決してそうは思えないのですが、彼らは「世界の標準語は、ハリウッドの言葉だ。ハリウッド英語が、世界標準だ」と思っているのです。しかし、ハリウッド映画には、とてもではありませんが、読めたものでも聞けたものでもない英語が、たくさん入っています。

脚本《きゃくほん》を書いている人がいるはずですが、「よく、こんな英語を使ったな」と思うようなところが、たくさんあるのです。また、台詞《せりふ》で入っていると言わざるをえないのでしょうが、それを、一流の俳優がしゃべるときの〝汚《きた》さ〟には何とも言えないものがあります。

例えば、もし、女優の武井咲《たけいえみ》さんがあのような日本語を使ったら、私なら絶対に許しません。きっと、抗議《こうぎ》しに行きたくなると思います（笑）。やはり、一流どころの、汚《けが》してはいけないレベルの俳優たちには、そんな汚《きたな》い俗語は絶対にしゃべらせてはならないでしょう。私は、〝美学的〟にはそのように思うのです。しかし、ハリウッド映画であれば、役柄《やくがら》によっては、そうした汚い言葉を平気で一流の俳優にしゃべらせています。

ともかく、彼らは世界標準だと思っているらしいけれども、どっこい、そうはいきません。「その言葉を使ったとたんに、もはや、一流の人間と思われなくなる」という言葉は、たくさんあるわけです。

もちろん、いずれ、これをどうするかを考えてはいて、『黒帯英語』の最後に〝俗語シリーズ〟として出そうかとも思いましたが、やはり、やめたほうがよいでしょう。要するに、どこかで〝失点〟が出るのです。私も、その俗語を使って相手を真《ま》っ青《さお》にさせたことが何度かあるのですが、あの緊張感《きんちょう》は、何とも言えないものがあります。

ただ、日本ではそういうことはありません。日本人の場合は表情に出さないので、相手が失言して、とんでもない言葉をしゃべったとしても、そんなに露骨《ろこつ》には顔に出さないのです。少し嫌《いや》な顔をしたり、ときには言い返したりすることもあるでしょうが、日本人の場合は、それほど反応は出ないのです。

ところが、欧米人《おうべい》の場合は、露骨に顔色が変わります。真っ青に変わったり、怒《おこ》り出したりしますが、あの〝変化形〟には、私はついていけません。あのような恐怖《きょうふ》を味わうのであれば、知らないほうがよいのではないかと思うのです。それで、あまり教えないようにしてはいるのですが、それほど難しいということです。

日本語にうまく訳せない映画のタイトル

そのように、英語といっても、ローカル色豊かな発音の仕方もありますし、俗語の世界に入ると、そうとう難しいものがあります。

前述した「キック・アス」も日本人には、それほど簡単に意味は分からないでしょうが、「インセプション（Inception）」（二〇一〇年公開映画）などという題を付けられても、同じく分からないと思います。

私は、『黒帯英語』シリーズのなかでは、これ（Inception）に注を付けて、「始まり」「発端《ほったん》」と書きましたが、その訳語では、映画の本当の意味はつかめません。映画的には「（アイデアを）植え付ける」といった意味なのですが、うまく訳せないような英語ではあります。そのように、日本語に訳せないので、そのまま題として使っていくようなものが、ほかにもたくさんあります。

最近では、「インターステラー（Interstellar）」という映画もあります（二〇一四年公開)。それは、宇宙船が宇宙に行って帰ってくるというストーリーですが、三次元のまま帰ってくることができず、五次元を通って地球に帰ってきたというような内容でした。ここでも、「インターステラー」などという、通常、学ばないような英語の題がそのまま使われていますけれども、こういうものは映画でも観て勉強するしかないのかもしれません。

映画を観《み》て〝立体的〟に覚える英語学習

いずれにせよ、『武士道』を読んでもよいとは思いますが、英語も古いのではないでしょうか。ネイティブスピーカーで英語の『武士道』を読んだ人に訊《き》いても、「けっこう難しい。英語として読んでも、難しくて、よく分からない」ということを言っていましたので、やはり、古いことは古いのだろうと思います。

また、当会の場合、「『黒帯英語』シリーズだけを勉強したらよい」と言えば簡単なのですが、それではいけないでしょう。ただ、私としては、今、「大学シリーズ」

の経典《きょうてん》を八十冊以上出していますので、「大学シリーズ」を読み、『黒帯英語』シリーズを学んでおけば、だいたいよいのではないかという感じがするのです。欲を言えば、「大学シリーズ」に紹介されている学者の本などを読んでおけばよいと思います。文庫本などで安く手に入るようなものもありますから、そういうものでよいでしょう。

ただ、学問的なものが多く、それだけでは少し足りないところがあるので、新聞などで最近の情報を補《おぎな》う必要はあると思います。

なお、英語については、映画を観《み》ることで、リスニングとスピーキングの勉強になります。これは、古典的な勉強ではあって、今のように英語教材が豊富ではなかった時代の、旧制高校の人たちは、映画で英語を勉強していた人が多かったようです。

要するに、字幕付きの英語の映画で、同じものを何回も何回も繰《く》り返し観て、リスニングとスピーキングの力をつけるという勉強をしていたらしいのですが、これは今でも有効でしょう。

つまり、映画を観て英語を覚えるのは、英会話だけをＣＤで聴《き》くよりも〝立体的〟なのです。映画では、いろいろな登場人物や地域が出てきて、さまざまな物語が進行していきます。もちろん、何か文化的背景がある物語が必ずつくられているわけで、現代とは文化的背景や時代背景が違う場合もありますけれども、いろいろなものが題材として入っているのです。

そういう意味では、小説ぐらいのものが裏には必ず題材として入っているでしょう。外国語の小説を楽に読める人はそれほどいないとは思いますが、小説を読む代わりに、字幕付きの英語の映画を観れば、英語の小説を読んだような気分にもなりますし、さらに、それを実写で俳優が演じてくれているため、視覚効果もあって理解がしやすいと思うのです。

おそらく、そういうものを観ているうちに、かなりの教養も身につくのではないでしょうか。

これは、あまり学生には言ってはいけないかとも思うのですが、先般《せんぱん》、宗務《しゅうむ》本部の職員と、引退されたスタジオジブリの宮崎駿監督《みやざきはやおかんとく》について話をしていました。私が、「宮崎駿さんは、『一年間に三百六十五本映画を観ていた』と言っているけど、すごいね」と言うと、「あれ、先生もそのくらい観ているはずですけど」と言われてしまったのです。

私は、「そんなはずはない。私は勉強しているから、映画を年に三百六十五本以上も観ているはずがない」と答えたのですが、「いや、映画館に行っているのはそれほどではないかもしれませんが、DVDで観ているでしょう」と言われました。「それも合わせて計算したら、同じぐらいは観ているはずです」ということで、「うっ、しまった！　バレたか」という感じになったのです（笑）。

その意味で、学生に勧《すす》めるには〝超《ちょう》危険〟なところがあり、特に長生村《ちょうせいむら》（注。HSUは千葉《ちば》県の長生村に開学予定）からは映画館が遠く、千葉県庁があるところまで行かなくてはなりません。週末にみなで映画館に行き始めると、勉強する時間がなくなるので、勧めていいかどうか分からないのです。

ただ、ＤＶＤで観る手もあるし、構内なり、教室を一つぐらい開けるなりして、どこかにミニシアターをつくってもよいのではないかと思います。映画も少しは、英語のリスニング教材になりますし、視覚教材と合わせた意味があるでしょう。単に耳だけで聴くよりは確かに効果的であるし、教養が身につく面もあるはずです。やはり、ＣＤで繰り返し聴くだけでは「教養」まで行かないところがあります。会話としては勉強になっても、映画を観るほどの教養は身につかない面があるのではないでしょうか。

一日三時間英語学習をすれば、会話レベルはキープできる

また、映画を二時間観たとして、それを英語の勉強時間にカウントすれば、かなり時間を稼《かせ》げます。一日三時間ぐらい英語の勉強をしていれば、学力自体は落ちません。海外経験をしているのとそれほど変わらず、学力を維持《いじ》できるのです。

つまり、映画を一本観たら、あと一時間捻《ひね》り出せばよいことになります。朝の時間やトイレの時間、夜の時間などから少しずつ捻り出せば、一時間ぐらいは出てくるでしょう。そこで、単語を覚えたり、熟語を覚えたり、何かを読んだり、授業の予習をしたりして一時間ほど捻り出せば、合わせて三時間ぐらいになるわけです。

こうして、三時間程度維持できれば、だいたい会話ができるぐらいのレベルはキープできます。そういう意味では、映画は、英語の勉強時間を二時間ほど取れるので便利ですし、国際情勢やいろいろな国の文化、歴史なども入っていて、文化的な違いの勉強にもなるので悪いことではありません。

ただ、みなが勉強しなくなったら困るので、微妙《びみょう》な兼《か》ね合いをよく考えながら、ほかの勉強もしていく必要があるでしょう。

日本人は日本語で勉強できる範囲《はんい》が広い

いずれにせよ、日本人の場合、基本的に日本語で勉強できる範囲《はんい》が非常に広く、ほとんどの勉強ができます。欧米文化も日本語に翻訳されていますし、アフリカはさすがに弱いかもしれませんが、アジアの東洋系の思想や文学等は、ほとんど日本語で勉強できるのです。

なお、今は中国でも、「簡体字《かんたいじ》」といって簡略化した漢字を使っていますが、もともと漢字というのは「表意文字」で、漢字そのものに意味があるにもかかわらず、簡略化して「表音文字」にしてしまったために、漢字だけを見ても意味が分からなくなりました。そのせいか、簡体字をかなり使った中国語で育った人は、中国の古典があまり読めないようです。ところが、北京《ペキン》生まれの中国人であっても古典を読めないのに、日本人は中国の古典が読めるのです。これはまことに素晴《すば》らしいことであり、日本人は中学・高校で古文・漢文等を学んでいるため、実は中国の古典が読めるわけです。

だいたい古典の場合、オーソドックスな学問的なものは、漢文がそのまま載《の》っていて、次に書き下《くだ》し文があり、翻訳、意訳が出てきて、最後に解説が続くというかたちでしょう。

学術的なものは、ほとんどそういう感じなので、日本語を勉強しておけば中国の古典が読めるけれども、中国人には古典が読めないようになっているのです。

そうかと言って、中国の古典が英語に訳されているかといえば、それほど訳されてはいません。要するに、英米人はほとんど読んでくれないからです。

したがって、「日本語を勉強しておくと、ほとんどの文化が身につく」という意味で、日本は非常に教養の幅《はば》が広いのです。日本語は便利であり、日本人は日本語で勉強できる範囲がとても広く、勉強するものが多いため、時間がかかるわけです。

日本語の能力が高い人は、英語学習の速度の遅《おそ》さに耐《た》えられない

また、日本語で勉強すればするほど、日本語が速く大量に読めるようになります。

したがって、いったん速読型で日本語が読めるようになった人にとって、英語の勉強は、時間がかかって遅《おそ》いので、なかなかまどろっこしくて、やっていられないの

です。日本語の本をターッと積み上げて、五冊、十冊と読んでいける人は、辞書を引きながら英語の本を一ページずつ読んでいくという速度の遅さに耐《た》えられません。実は、このような傾向《けいこう》があるのです。

私の次男の真輝《まさき》も、日本語を読むのは非常に速く、難しい本を、すごい速度で大量に読むのですが、「英語が苦手《にがて》だ」とウンウン言っているので、私は次のように言いました。

「英語が苦手な理由は、日本語ができすぎるからだ。その速度で日本語を読めたら、英語がもう退屈《たいくつ》で読めなくなる。単語を覚えたり、熟語を覚えたりして、文法をもとに、語順を引っ繰《く》り返しながら一行ずつ読んでいくのは耐えられなくなるので、日本語の能力がそこまで上がると英語ができなくなるのだ。英語に割《さ》く時間に苦痛を感じるようになるので、英語ができるようになるまでに、実際上かなり時間がかかるようになるだろう。日本語がそこまで行っていないレベルであれば、英語はもう少しできるようになる」

非常に逆説的な言い方ですが（笑）、要するに、日本語が速く読めない人、遅読《ちどく》しかできない人、小説でも一時間に六十ページ、少し難しくなってくると二十ページか十ページしか読めないぐらいの人の場合、その速度であれば、英語を勉強しても何とか両立できるレベルでしょう。

ところが、日本語がものすごい速度で読める場合、それに比べて英語は時間がかかりすぎるため、かなりかったるくて、読めなくなるのです。

ちなみに、私の『黒帯英語』シリーズのテキストは、全部、ただ読むだけで覚えられるようにつくってあります。しかし、国際本部かＨＳＵか知りませんが、〝親切〟にも後ろに問題集を付けてくれたりすると、とたんに読めなくなるのです（笑）。

つまり、前に戻《もど》ったり、後ろの答えを見たりして一個一個やると、ものすごく進みが悪くなるわけです。ザーッと読むことができなくなって、あっちをめくったり、こっちをめくったりするのは受験勉強のやり方でしょう。あっちに行ったり、こっちに行ったり、辞書を引いたりし始めるとページが全然進まなくなり、私のような速読型の人には、極《きわ》めて退屈になってくるのです。

受験期からそう遠くない人はよいかもしれませんが、だんだん速読に慣れてくると、耐えられなくなってくるときが来るので、このあたりが厳しいと思います。

重要な情報を得るための英字新聞の読み方とは

今、私は毎朝、基本的に日本語の新聞を六紙ぐらいと、英字新聞を三紙ぐらい読んでいます。ところが、日本語の新聞より英字新聞を読むほうが、実を言うと速いのです。

日本語の新聞は丁寧《ていねい》に読みます。重要なところを漏《も》らさないようにしながら、各紙の違いが出ているところに注目して読んでいるのです。

しかし、英語の新聞のほうは、ＣＮＮをかけていてニュースがだいたい分かっているため、読むのはものすごく速いのです。

そういうわけで、英字新聞は、パラパラッとめくりながら、大事なところをパッパッパッパッパッパッパッと見て、「ああ、ここは読むべき価値がある記事だ」というところに印《しるし》をつけます。そして、そこだけをサーッと読み、あとは見出しを見て、全体をバラッと見たら、だいたい意味が分かるので、日本語より英語のほうがおそらく速く読んでいるはずです。

要するに、もう内容は分かっているので、あえて英語で読まなくてはいけないところを探すわけです。日本語の新聞で読めているものは、読む必要がほとんどないので、「あえて英語で読まないと情報が取れないものはどれか」ということだけを見ています。そして、「ああ、これは日本の新聞の六紙、どれにも載っていなかった」という部分があったら、そこだけに目を留《と》めて、ザーッと読むという感じです。

なお、読む価値があると思うものは、ときどき、『黒帯英語』シリーズのテキストに収録している状況《じょうきょう》ですが、だいたい、このような勉強の仕方をしているわけです。

4　国際的に通用する「教養」の高め方

あまり偉《えら》くない無名のうちに海外経験を積むとよい

そういうことで、国際教養全般《ぜんぱん》について言うと、基本的には、語学力を上げなくてはいけないのは当然でしょう。受験勉強の続きとして、レベルをもう一段上げ、高校までに習わない語彙《ごい》や内容の英文が読めたり、あるいは、聞こえたりすることが必要だと思います。

また、会話訓練等も、高校まででは十分ではないこともありますが、それは、英会話学校などでも学べるでしょうし、大学やサークルなどでもできるかもしれません。とにかく、そういう訓練は別途《べっと》要るものの、コミュニケーション力はつけたほうがよいと思います。

　さらに、できれば海外に行ってみるに越《こ》したことはないので、短期留学や、短期ではなく正規留学をしてもよいでしょう。あるいは、旅行をするということも、十分に大事な国際教養になるだろうと思うのです。

　特に、あまり偉《えら》くないうちに海外に旅行しておくというのは、大事なことだと私は思います。偉くなってから海外に旅行するのは大変です。「行ったら仕事が待っている」というのは、きついかもしれません。

　例えば、国際ビジネスマンになってニューヨークに呼ばれ、「国際会議がありま す」と言われて、英語でやらなくてはいけないというのはかなりのストレスでしょう。すぐに毛が抜《ぬ》けてくるぐらいの〝厳しさ〟です（笑）。

　私のように、仕事で海外に行って、そこですぐに英語で講演をしなくてはいけないというのは厳しいと思います。ただ、今は秘書がついてきたりして、仕事をしなければ絶対に許されないので、そう簡単には海外に行けません。

　そういうわけで、できれば偉くなる前に、つまり、まだ貧しくて無名で偉くないときに、海外旅行をして大いに恥《はじ》をかき、いろいろな経験を積まれたほうがよいと思います。英語が通じないということを経験したり、英語以外の言語の難しさを勉強したりすればよいでしょう。「英語が十分話せない外国人と、怪《あや》しげな英語で会話をし続けて旅をして、間違《まちが》いを起こして、恥をかき、大変なことになる」というような経験を、なるべく若いうちにしたほうがよいと思います。

もちろん、危険地帯もあるので、それについては用心してください。今は、行くと危険で、犯罪に巻き込《こ》まれたり、殺されたりするようなところもあります。私は、そういうところに、「勇気を持って行け」とは言いません。しかし、そのへんに用心はしつつも、できれば、海外旅行ないし短期留学、あるいは一年、二年、四年などの留学もあると思うので、そういう経験をしたほうがよいと思います。

英語だけではなく、「教養」や「専門知識」の勉強も必要

ただ、前述したように、日本語で学べる学力のレベルがけっこう高いので、日本

の大学にまったく行かず、海外の英語圏《けん》だけで過ごして帰ってきた場合、問題点があります。要するに、そういう人は、日本の会社等の仕事をさせると、学力的に明らかに欠けている部分があるのです。

たいてい、海外に留学すると、外資系の企業《きぎょう》あたりに入るところで止まり、日本オリジナルの企業で幹部要員として使ってもらえることは、かなり少ないでしょう。それは、日本語で学ぶ教養や専門知識が足りないからです。海外の大学を卒業した人の場合、日本の大学で勉強すべき日本語の教科書、あるいは、専門的な本を努力してインプットしなければ、日本の企業ではエリートとしてなかなか使ってもらえません。

普通《ふつう》、日本では、日本の大学を出て、ある程度勉強もできた上で、英語もできるような人はエリートになりやすいのですが、英語だけをやってきた人が日本の企業に入ると、そう簡単にエリートになれず、通訳的な仕事以外は回ってこないことがあります。やはり、ここには足りない部分があるため、「何か専門的なものを日本語で勉強しなくてはいけないのだ」ということを知っておいたほうがよいでしょう。

そういう意味で、国際教養人になるといっても、外国語だけをやればよいというものではないのです。そういう学ぶべき専門知識がある場合は、英語であろうが、日本語であろうが同じであって、内容を知っていなければ駄目《だめ》なのだということです。

まずは、中央紙の一紙を読み解く努力を

特に、英字新聞などがとても難しく感じる人は、日本語で読んでも難しいはずです。よく考えてみれば、おそらくそうでしょう。

私も恥《は》ずかしながら、最近よく告白していますが、「大学に入っても、最初は日本の新聞さえ、ろくに読めなかった」ということを著書に書いています（『大学生からの超《ちょう》高速回転学習法』〔幸福の科学出版刊〕等参照）。

やはり、新聞の一面記事から政治記事、経済記事、国際欄《らん》の記事を見ても、けっこう難しいのです。ずっと読み続ければ分かりますが、読んでも、それほど簡単で

はありません。

例えば、「主婦は新聞を読まない」とよく言われています。女性誌は新聞に広告がほとんど出ませんし、月刊「アー・ユー・ハッピー?」（幸福の科学出版刊）も、めったに載《の》りませんが、それは広告を打っても効《き》かないからです。主婦層は新聞を読んでくれないので、女性誌に関しては店頭で見て、〝感触《かんしょく》〟で買っているのがほとんどなのでしょう。

ともかく、新聞はかなり難しく、外国人が日本語を勉強して新聞を読んでも、おそらく見出しが読めないくらい難しいと思います。辞書を引いても出てこない、短縮形の見出しがたくさん出ているため、新聞を読み解くのはそうとう難しいはずです。

したがって、大学生であれば、まずは中央紙の一紙ぐらいを読み解く努力をしたほうがよいと思います。

もう少し欲を言うと、経済関係の仕事を目指している方は、日経新聞等の経済紙にも、できるだけ努力して、どこかで手を出す工夫《くふう》は必要でしょう。

ただ、「それも、それほど簡単ではない」ということを、私は正直に告白しています。大学を卒業して商社に入ったときに、みな、日経新聞を読んでいるので、同じく読んでみたのですが、半年ぐらいは悪戦苦闘《あくせんくとう》しました（前掲《ぜんけい》『大学生からの超高速回転学習法』等参照）。

さらに専門的な立場になれば、日経新聞だけではなく、金融《きんゆう》新聞や日刊工業新聞、産業新聞など、たくさんあります。そうした専門的な勉強ができる新聞も出ており、業界によっては、そのようなものを読んでいる人もいるわけです。

新聞は、繰《く》り返し読み続けることで意味が分かってくる

いずれにしても、一般的なサラリーマンであれば、日経新聞を読むことが多いでしょうが、これは難しいのです。

やはり、国語の教科書で勉強してきても、その語彙《ごい》でもっては読み解けないもの

があると思います。辞書を引けば載っているものもあるかもしれませんが、経済用語等は載っていないものがそうとうあるはずです。ところが、日経新聞には、そういう言葉がほとんど説明なく書いてあるわけです。

したがって、幼児が勉強するのと同じやり方で、繰《く》り返し読んでいるうちに、だんだん分かっていくしかないでしょう。

つまり、「パパやママが言っている言葉を何度も聞いているうちに分かる」「テレビを何度も観《み》ているうちに、なんとなく分かる」といったことです。子供は、同じ絵本を繰り返し読んだり、お気に入りのアニメを繰り返し観たりしたがりますが、そうやって言葉を覚えていきます。

やはり、新聞等でも同じであり、分からないけれども繰り返し読み続けていくことで、だんだん重複《ちょうふく》が増え、シチュエーションが見えてくるので意味が分かってくるのです。

特に、短縮した横文字のほか、表などもいろいろ出てきますが、この見方もそうとう難しいでしょう。先輩《せんぱい》等に訊《き》いても、説明ができないと思います。

ただ、表の見方については、先輩も説明してくれないし、新聞にも解説などは書いてくれていないので、こうなると、見続けることで意味を読み解いていかなければいけないわけです。

ところが、新入社員のころに、「『日経平均』って何ですか」などという感じで訊くと、「おまえはバカか」と言われて、だいたいバカにされるのが普通です。「ダウ平均の『ダウ』って何ですか」「『ダウ・ジョーンズ』って何ですか」と訊いても、「バカか」と言われて、答えは「なし」でしょう。そのように、たいていの場合、解説をしてくれません。

しかし、記事を読み続けていくと、「それは、こういう銘柄《めいがら》の平均のことを言っているのだな」ということが、だんだん分かってくるようになります。そのためには、だいたい半年ぐらいはかかるでしょう。私の場合も、そのくらいかかりましたが、学生時代から読み始めていれば、ある程度、分かる方もいるとは思います。

活字の弱点を補《おぎな》う「テレビの力」とは

ただ、これが読みこなせないと、英字新聞の経済ニュースを見ても、CNNやBBCなどの経済ニュースを聴《き》いても、ほぼ分からないはずです。やはり、語彙が違うので分からないでしょう。

また、英語で覚えようとしても覚えられません。日本語で聴いても分からないものは英語で聴いても分からず、〝抽象言語《ちゅうしょうげんご》〟に思えるわけです。経済記事のほか、政治記事についても同じことが言えるでしょう。

さらに、国際問題については、日本という島国根性《こんじょう》で生きているせいか、国際欄を読んでも分からないことが多いのです。特に、新聞では国際欄として一ページにまとめて書いてくれているわけですが、細《こま》かい字で何段にも組んで書かれており、読んでもなかなか理解できません。

もちろん、メジャーな国のことなら少し読めば分かります。要するに、アメリカやオーストラリアのことであれば分かるけれども、地理がぼんやりしている国あたりについて、「〇〇が起きた」などといろいろ書いてあっても、分からないことはあるのです。

その意味で、国際ニュースに関しては、できればテレビを観たほうがよいと思います。もし、学生でもテレビを持つだけの裕福《ゆうふく》さが出てきて買うことがあれば、テレビにのめり込まないようにしつつ、国際ニュースのような大事なものについては観ておいたほうがよいのではないでしょうか。

例えば、「戦争が始まる」とか、「革命が起きているらしい」とかいうことになった場合、新聞の情報量では足りなくて分かりません。ところが、そうした背景が分からないようなニュースであっても、テレビで観ると、とてもよく理解できるのです。テレビで勉強時間が減ることがあるにしても、こういうものに関しては、ある程度、テレビの力のほうが上だということを知っておいたほうがよいでしょう。

テレビを観て解説を聴けばすぐに分かることでも、新聞では、どちらがどういう原因で戦ったのかが、さっぱり分からないことが多いのです。このへんについては、やはり、活字だけであることの弱点があると思います。

日本のテレビ番組にもいろいろありますが、なかには勉強すべき教養番組もあるので、やはり、全部を否定することはできません。そのあたりは、やはり、よろしく見ていかなくてはいけない面もあると思います。

また、ある程度、話題になるようなものや、ヒット性の高いテレビ番組、あるいは、選挙などの時事的なものであれば、観ておく必要があるかもしれません。なお、国際的なニュースがあるときには、日本語でもよいので、観るとよいでしょう。

さらに、非常に話題になっているドラマなどは、まったく知らないと話が通じないこともあるので、ある程度以上の評判を取っているようなものについては、少し勉強しておくことも教養の一つかと思います。

「隠《かく》れた勉強」に驚《おどろ》かされた、アメリカでの体験

ただ、それ以外にも勉強しなくてはいけないことはたくさんあるため、日本語の本を読まなければいけません。

大学では、当然ながら学術的な本も勉強すべきですし、専門があるので多少偏《かたよ》りはありますが、まずは自分の専門を中心にやりつつも、一般教養としては、それ以外のところも少しずつ読まなくてはいけないのです。

さらに、小説の類《たぐい》等は、学生であれば文庫本で読むのが中心になると思いますが、これもある程度の力にはなるでしょう。

ちなみに、私がアメリカにいたときに、次のようなことがありました。

そもそも、商社の海外勤務というのは〝男の世界〟であり、海外には男でなければ送られませんでした。つまり、何かあったときに殺されたりするような危険な職業であるので、女性が事故に遭《あ》ったり、殺されたりしたときに、両親が泣いて暴《あば》れ

ると、もうどうしようもないからです。女性を送って殺された場合、会社の名前まで落ちて大変な騒《さわ》ぎになるので、だいたい男を送ることになっていたのです。

ところが、「女性の時代を拓《ひら》かなければいけない」ということで、次第《しだい》に女性も海外に送るようになっていきました。海外の展示会等では、女性が説明をしたりするようになったため、やがて駐在員《ちゅうざいいん》としても来るようになってきたわけです。ちょうど、私がアメリカへ行ったときにも、ニューヨークあたりに女性の駐在員が二人ほどは来るようになっていました。

そのうちの一人は、当時としては、一流大学と認識されていないぐらいの大学を卒業していた人ですが、私は、その人のマンションにパーティーか何かで招かれて行ったことがあります。

彼女の部屋に行ってみて驚《おどろ》いたのは、そこに棚《たな》を作って、大量の文庫本を置いてあったことです。「よくこれだけ持ってきたな」と思いました。私は日本のものを持ってくるのを、ほとんど諦《あきら》めて置いてきているのに、文庫本ではありますが、ザーッと並んでいたわけです。

もちろん、全部は見ることができなかったものの、小説が多かったと思います。歴史小説や経済小説、あるいは、ほかのものも入っていたでしょうが、小説だけでも、ざっと見て二千冊ぐらいは並んでいました。そのように、商社の女性でも、海外に送られてくるような人には、やはり、「隠《かく》れた勉強」があるわけです。

当然、英語は、ある程度できるに違いありません。英語ができなければ来るわけがないので、英語の試験等に通って来ているのだろうとは思います。

ただ、持ってきた文庫本がその冊数だったわけです。もちろん、持ってこなかった本もあって、大きいものは場所を取るから送れなかったのだと思いますが、国際便で送ってきた文庫本だけで二千冊ぐらいは持っていました。

やはり、日本語でこれだけ読んでいたため教養があるのでしょう。そういう教養の力が、何か仕事に生きているに違いないと思います。

要するに、企業の勉強をするにしても、実はビジネス小説のようなものも役に立つわけです。ビジネスを対象にした小説はたくさんあって、いろいろな業界について書かれています。

例えば、自分のいる商社ではなくても、銀行や証券会社、保険会社、あるいは、外資系の企業など、いろいろな業界についての小説があります。さらには、メーカーや海外のプラントで事件が起きたことなどさまざまなことを取り上げた、いわゆる国際政治小説などもあるわけです。

こういう本を読んでおくと、実際に仕事の経験がなくても分かってくるものがあるでしょう。おそらく、専攻《せんこう》した場合は、専門的で学問的な教科書のようなものを勉強するでしょうが、そういう学術的なものを読まなくても、経済小説や歴史小説、あるいは、企業小説を読めば、分かってくるのです。

特に大事なのは、会社を創った方の自伝や、それが小説になったようなものかもしれません。これらには、「経営とは何か」について教えているものが実に多いのです。

重厚な小説を読んで、国際教養人になるための「中身」をつくる

そのように、国際教養人になろうとしたら、外国語だけではなくて、日本語でも教養として手に入るものはたくさんあるわけです。

実際に、文庫本で小説を二千冊も読んでいたような女性が、海外駐在員で選ばれて来ていたのを見て、「中身が要《い》るのだ」ということをつくづく思ったのを覚えています。

結局、日本語で教養のないような人が、英語で付け焼刃《やきば》の会話をうまくしても、中身は大したことがないのです。やはり、重要な仕事ができるようにはならないでしょう。

とにかく、何語《なにご》でも構わないのですが、中身を掘《ほ》り下げていき、カッチリとした内容を持って、考える力を身につけていることが極《きわ》めて大事なのです。

したがって、『武士道』については、読まないより読んだほうがよいと思いますけ

れども、「『葉隠《はがくれ》』や『武士道』を読んだだけで、日本を語れる」と思ったら間違いでしょう。

現在の日本の社会で行われているいろいろな活動を知るためには、日本語で書かれたものとして、小説まで行かなくても、週刊誌や新聞等で手に入る情報もあります。そうした知識を持っていないと、実際の仕事はできないのだということを知らなくてはいけません。

もし、そのような情報を入手しようとして日経新聞を読んでも、意味が分からないのであれば、例えば、幸田真音《こうだまいん》氏や城山三郎《しろやまさぶろう》氏などが書いている経済小説を読んでみるとよいのです。そうした小説を読んでいるうちに、いろいろな意味での背景説明がたくさん出てくるので、これで肉付けがされてきて、理解ができるようになります。

あるいは、歴史に関しても、受験のときに参考書を一冊学んだぐらいでは、だんだん記憶《きおく》が薄《うす》れていくでしょう。日本史や世界史の授業を取ったとしても、三十歳《さい》を過ぎると何かで補強しないかぎりは消えていくわけです。

ところが、このような状況《じょうきょう》であっても、やはり小説を読んだりすれば違ってきます。

例えば、司馬遼太郎《しばりょうたろう》の小説は、サラリーマンによく読まれており、『坂の上の雲』や『竜馬《りょうま》がゆく』は二千万部も売れたということです。ただ、本当にあれほど厚い本を二千万人が読んだのかについては、疑問はないわけではありません。『坂の上の雲』も『竜馬がゆく』も、二千万部ぐらい売れているのでしょうが、おそらく、買った人がそのくらいいるとは思うものの、読み抜くのはそれほど簡単ではなく、そうとう時間がかかるはずです。司馬遼太郎さんの本は文体が重厚なので、あまり速読には向かないと思います。

どちらかといえば、赤鉛筆《あかえんぴつ》で線を引きながら読めるような本で、かなり時間はかかります。資料をそうとう使っているので、学術的な面も多少ありますし、下手な学者よりよく調べている面もあります。

ですから、そんなに簡単に読めるものではないとは思うので、流し読みするには少々重い本です。しかし、そういうものも読めば、「歴史の教養」はつきます。

したがって、自分が「弱い」と思うところを、そういう楽しみごとも含《ふく》めながら埋《う》めていく努力をしていくことは、やはり、大事かと思います。

5　外国語学習の意外な落とし穴

短期留学先の授業が始まる前に英語セミナーを行《おこな》った三男

それから、「レベル設定」の問題は、やはり、あると思います。

「海外の大学などで語学の勉強をするからといって、効果があるとは、必ずしも限らない」という「レベルの問題」が、もう一つあるのです。「どのあたりのレベルを対象にして授業をしているか」ということを知らなければいけないかと思います。

あまりプライベートなことを言うと怒《おこ》られる可能性もあるのですが、私の三男・裕太《ゆうた》（東京大学一年生）が、今年（二〇一四年）の八月末から九月にかけて、海外の大学に行っていました。

日本の大学が夏休みで、九月の一カ月ぐらいは休みが取れるため、アメリカの大学で、夏期講習のように、何かやっているところはないか探したところ、ちょうど条件が合うものが一つだけあったのです。カリフォルニア大学のサンディエゴ校が、ちょうど一カ月ぐらいのコースを外国人向けに用意していたので、「ここなら行ける」ということで、申込書《もうしこみしょ》を出し、八月末に行っていました。

ただ、彼には少し〝必殺仕事人〟のようなところがあるので、「英語の勉強をする前に、先に、アメリカでのセミナーを片付けてしまう」ということで、向こうに着くや否《いな》や、さっそく、サンフランシスコとロサンゼルスで行事をしてしまいました（注。大川裕太は二〇一四年八月三十一日、サンフランシスコ支部にて講話“The《ジ》 Ideals《アイディアルズ》 as《アズ》 a《ア》 Believer《ビリーバー》”を、九月七日、ロサンゼルス支部にて講話“Study《スタディ》 the《ザ》 Truth《トゥルース》 and《アンド》 Save《セイブ》 the《ザ》 People《ピープル》”をそれぞれ行《おこな》った）。

普通《ふつう》は逆です。向こうで英語の授業を受け、それが終わり、実力をつけてから行事をするのが普通なのですが、「先に二つの行事を片付けてから授業に出る」というつもりで行き、予定としてはそこまでだったので、そのあと、サンディエゴ校に通っていました。

そこには、四十カ国ぐらいから学生が来ていたらしいのですが、クラス分けの試験があり、分類されて、いちばん上のクラスに入ったようです。

日本人で、そのクラスに入っていたのは、東大文Iの彼と、東京外国語大学の三年生で、アメリカ政治史を専攻《せんこう》している人の二人だけでした。あとは中国人が多く、そのほかだと、ドバイとか、その他、イスラム圏《けん》などの人も来ていたようですし、あるいは、ヨーロッパの人も、少しはいたのかもしれません。

留学生を「英検準一級レベルまで」と見ているカリフォルニア大学

私は、三男がアメリカに行く前に、その大学のカリキュラムをチラッと見て、「このレベルだと、たぶん退屈《たいくつ》するから、きついのではないか。もう少し専門的なものがあるコースを取らないと、退屈するのではないか」と言っておきました。

カリキュラムの内容が、いわゆるコミュニケーション、英会話的なものを中心にしたものが多かったので、おそらく退屈すると見て、彼に警告を発したのですが、彼は、「退屈したら、向こうで外国人のガールフレンドをつくってデートするからいい」と言って、行ってしまったのです（笑）。

結局、私の予想が当たっていました。

彼は、向こうに行く際、幸福の科学の本としては、『英検1級攻略のための最終兵器――英単熟語集――』（大川隆法編著・宗教法人幸福の科学刊）という英単熟語集を一冊、持って行っていました。

語学の授業は四週間あり、リスニング、スピーキング、それから、ライティングがコースのなかに組み込《こ》まれていて、午前中いっぱいかけて授業を行うのですが、三週間目ぐらいで音《ね》を上げました。インターネットを使って国際電話をかけてきて、「パパ、もう、発狂《はっきょう》しそうだ」と言うのです。

「なんで発狂しそうなんだ。おまえが好きで行ったんだろうが」と言っても、「もう、このままでは死んでしまう。発狂する」と言うので、理由を訊《き》いたところ、

「『英検1級攻略のための最終兵器』という、パパが書いた英単熟語集のなかの単語が、一語も出てこないんだ。三週間いて、一つも出てこないんだ。まったく〝かすらない〟んだ。もっと、ずっと下のレベルでやっているんだ」と言うわけです。

私の推定ですが、そのカリフォルニア大の外国人向け最上級コースでは、おそらく、「マックスで英検準一級レベルを目指すぐらいのコースが、外国人向けのレベルだろう」と見ていると思うのです。

「こんなところにいたら、もう、私は狂《くる》ってしまう」と彼が言い出したので、これで発狂されたら大変だと思い、「じゃあ、彼女はどうしたんだ。ガールフレンドとデートして、英会話をすればいいじゃないか」と言ったところ、「いや、中国人の女の子は、『ええ？ 東大？ かっこいい！』とか言って、いっぱい寄ってくるんだけど、中国人の女の子は、そんなにきれいではなかった。イスラム圏の子がきれいだった」と言うのです。サウジアラビアだったか、ドバイだったか、どこから来たのかは忘れましたが、そのイスラム圏の子は美人だったそうです。

ただ、行く前に、私から、「イスラム圏の女の子に手を出した場合は、父親、もしくは男の兄弟が殺しに来ることがあるから気をつけたほうがいいよ」と、ブスッと釘《くぎ》を刺《さ》していたこともあり（笑）、「怖《こわ》くてデートに誘《さそ》えない！　誘ったあとに襲《おそ》って来られる可能性があるかと思ったら怖いし、〝国際指名手配〟で追いかけてこられるのは嫌《いや》だ。やっぱり、怖くて誘えないので、そういうことで、大学にいる意味がない！　申し訳ないけど、四週間いるべきところを三週間でステップアウトさせてほしい。そのかわりに、ニューヨークでセミナーをして帰ってくるから」ということでした。

それで、予定にはありませんでしたが、私のほうも了承《りょうしょう》して、彼は幸福の科学のニューヨーク支部精舎《しょうじゃ》でセミナーを行ってから、日本に帰ってきたのです（注。大川裕太は二〇一四年九月二十一日、ニューヨーク支部精舎にて、講話〝Go Beyond《ゴー　ビヨンド》 the Limit《ザ　リミット》〟を行った）。

「英語だからレベルが上」というわけではない

結局、外国に行ったからといって、英語のレベルが上がるとは、必ずしも限らないわけです。

カリフォルニア大は、いちおう、一流大になってはいますが、三男の観察によれば、そのカリフォルニア大であっても、外国人相手だと、最上級のコースに行っても、私がつくった英検一級用の英語教材に載《の》っている単語が一語も出てこないというレベルで、リスニング、スピーキング、ライティングの授業を行っているということです。

三男は、「もう退屈で逃《に》げ出す」と言っていたので、私が、「でも、東京外大の三年生が粘《ねば》っているのだろう」と言ったところ、「彼はアメリカ政治史専攻だから、逃げられないのだろう。自分は法学部で関係ないから、そんなものに、いつまでも付き合っていられない。　一週間も、もったいない！　ニューヨークに行って、ガールハントしたほうがよっぽどいい」と言っていました。これは冗談《じょうだん》ですが、「ニューヨークに行って、ほかの人と付き合ったほうが、よっぽどいい」ということで、ニューヨークに逃げ出したわけです。

「このままでは発狂するから、ニューヨークを経由して、『アメリカに行った』という感触《かんしょく》だけ得《え》て帰りたい」ということでした。ニューヨークで頭を〝シャッフル〟して、少し〝まとも〟になり、「先進国に行って、帰ってきた」という気持ちを味わって日本に帰ってきたようです。

そういうこともありますので、「海外の大学に行けばよい」というわけではなく、「レベル」と「どのあたりを対象にして行《おこな》っているか」ということを、よく見切らないといけません。

彼も、「もし、下手に一年とか行っていたら、自分は、もう完全に頭が〝破壊《はかい》〟されていた。一カ月ももたないのだから、一年というのはたまらない」と言っていたので、やはり、日本のレベルも、けっこう高いのです。

日本語で行っている授業では、参考書などもたくさん出てきますが、勉強するレベルがかなり高いので、「英語だから上」というわけではありません。英語でも、「その内容を日本語に置き直したら、どのレベルか」ということを考えてみたら、ずっと低いレベルなのです。

海外の大学では、おそらく、「高校生レベルぐらいで、日本人や、その他の外国人にはちょうどよい」と思っているのでしょうが、こちらとしては、「高校レベルの内容をされたらたまらない」ということがあるわけです。

学力のレベルに合わせて取り組むべき「専門的な内容の勉強」

前述したようなことは、コミュニケーションとしては、少しは上手になりますが、やはり、内容がないものに長い時間をかけたら損になります。

したがって、あくまでも、自分の学力に合わせてですが、「学力が上がっていくにつれて、専門性のある内容を勉強していくようにしなければ、よくならない」ということは言えると思います。

ですから、私が言っていたとおり、三男には〝無駄《むだ》〟だったわけです。「経済学を英語で学ぶとか、政治学を英語で学ぶとか、少し専門性のあるものであれば、多少は意味があると思うけれども、いわゆるコミュニケーションだけだったら、たぶん〝死ぬ〟と思うよ。まあ、〝死ぬ〟と言ったら大げさだけども、退屈で、参《まい》るのではないか」と言いましたが、そのとおりになったのです。

コミュニケーションのレベルが、まだ、〝はるかに遠い人〟は、そのようなことを言っていられる状況《じょうきょう》ではありませんが、通常の会話だけのレベルであれば、小学生や中学生でもできるレベルのものはたくさんあるので、「もう一段、何らかの専門的なものを学ばないと、〝戦力〟にはならないところがある」ということです。

また、その専門的な部分は、たまたま、その授業で教えていればよいのですが、そうでない場合は、海外に行っても同じで、「英字新聞などの単語を調べ、単語帳をつくるなり、カードをつくるなり、自分で切り抜《ぬ》きをつくるなりして覚えないかぎり、専門的な語彙《ごい》は増えないし、内容を理解できるようにはならないことはある」ということは、知っておいたほうがよいでしょう。

そういう意味で、語学の勉強としては、ある程度レベルがあるので、やるべきことは、どんどんしていけばよいとは思いますが、日本語で行う勉強も、手は抜かないことです。なぜなら、教養をつけることに関しては、やはり、母国語のほうが、速いことは速いからです。

ほかの国の人には、自分の国の言葉で勉強できないものが、たくさんあります。ですから、英語やドイツ語、フランス語などの本を読み、授業をしているところを見て、「すごいなあ」と思うことはあるのですが、それは、その国の人たちが母国語で勉強できないからなのです。

したがって、「母国語で手に入る情報がたくさんある」ということは、ある意味で、すごいことなのです。ですから、「母国語で手に入らないものは何か」というところについて、外国語を習得することが大事です。

6　第二外国語習得の難しさ

第二外国語以降の言語を勉強する際の注意点

また、第二外国語を含《ふく》めての多言語の習得は、そうとう難しいだろうと思います。人によって個人差はありますし、「語学の天才」や、それに近い人もいて、簡単に、すーっとマスターしてしまう人もいるだろうとは思うので、一概《いちがい》に言っては申し訳ないのですが、やはり、第二外国語から先の習得は、そう簡単ではないだろうと思います。

ただ、「仕事で使えるレベル」ということになりますと、英語で言うと、英検準一級のレベルに到達《とうたつ》するか、合格する前後ぐらいのレベルまでは上がらないと、仕事では、なかなか使えません。

TOEIC《トーイック》で言うと、おそらく、「六百五十点から八百点」ぐらいまでの間、あるいは、「七百三十点前後」とも言われていますが、人によって多少差があるので、何とも言えません。ただ、その前後ぐらいまで学力が上がらないと、仕事で使うのには、少し厳しいものがあります。旅行なら行けますが、仕事だと、少々厳しいレベルになるのです。

第二外国語から先の言語を、このレベルまで上げるのには、そうとうの力が要《い》ると思います。かなりの力を語学のマスターにかけてしまうと、先ほど述べた、「日本語での教養」や「専門の知識」を得る時間が、そうとう減ってきます。これとの兼《か》ね合いの戦いなのです。

ですから、〝吸収力〟が高く、効率のよい頭を持っている人は、楽だと思います。「サッと見たら、サッと理解できて、忘れない」という優《すぐ》れた頭を、生まれつき持っている人は、もう本当に、ご両親に感謝してください。

そういうことは少なく、たいていの人は、「ドイツ語を勉強したら英語を忘れ、フランス語を勉強したらドイツ語を忘れ、外国語を勉強していると日本語を忘れ……」という具合です。この程度の頭が、ほとんどの平凡人《へいぼんじん》、あるいは、平均より少し上の秀才《しゅうさい》を称《しょう》している人たちの頭であり、「ほかのものをやれば、こちらを忘れる」という頭がほとんどなのです。

したがって、下手に第二外国語以降を勉強すると、英語の学力が下がってき始めて、英語が話せないような感じが出てき始めます。これは怖《こわ》いです。

ですから、このあたりも計算に入れた上で、「自分としてはどのくらいやるか」の見積もりを立てなければいけないでしょう。

仕事で要求されるレベルの語学力を身につけることの難しさ

大学で、第二外国語の授業は受けるべきだとは思いますが、普通《ふつう》レベル、ミディアム（中級）レベルの人に対しては、いちおう、「基礎《きそ》学力」といいますか、その後、もし、それが仕事で専門的に必要になっても、「自分で勉強を続けられるレベル」「自分で勉強したら、もう一段先まで進めるレベル」の基礎の部分ぐらいまでは、大学でつくっておくことをお勧《すす》めしたいと思います。

「『英語で、ある程度、仕事ができる』という一定のレベルまで、大学時代で行けるか」というと、そんなに簡単ではないでしょう。特に、「教養の二年間だけでやる」というのであれば、簡単なことではないと思います。

実際に仕事ができるには、第二言語、第三言語でも、やはり、英検で言うところの準一級レベルぐらいまで到達しなければいけません。しかし、普通、日本で行われている英語の十年教育では、そう簡単にそこまで行かないのです。

日本の英語教師のうち、中学校の英語教師で英検準一級に通っているのは、二十五パーセントぐらいしかいませんし、高校の英語教師で英検準一級に通っているのは、五十三パーセントぐらいしかいないと言われています。

海外に派遣《はけん》される国際ビジネスマンは、たいてい、英検準一級ぐらいのレベルか、それに相応するＴＯＥＩＣレベルを要求されることが多いのですが、英語を教える職業の人でさえ、それらの合格率を平均してみたら、なかなか五割に行かないのを見れば、その難しさはどの程度か、だいたい分かると思うのです。

彼らは、専門で英語学をしていて、教育で教えていますし、中学や高校のテスト問題をつくったりもできるはずなのに、それで、だいたい、その程度しか英検準一級に受からないのを見れば、難度は分かると思います。

ただ、日本人以外の外国人にとっては、もっと易《やさ》しいかもしれません。

「日本人は、TOEICで七百点を取るのは大変で、なかなか行かない」と言っていますが、「中国人や韓国《かんこく》人は、TOEIC九百点を楽に取れる」という話もあります。

ただ、そういう場合には、実は、「母国語で学習するもののレベルと内容はどの程度か」というところが判定されていないのです。ですから、「日本語で勉強できるものの範囲《はんい》はどの程度あるか」「中国語で勉強できる範囲はどこまであるか」「韓国語で勉強できるレベルのもの、内容はどれだけあるか」といった部分も計算しなければいけません。

母国語で勉強できるものがあまりない所の場合には、それだけ英語の勉強時間を増やせるため、英語の成績が上がっていき、英語が流暢《りゅうちょう》になることもありえますが、母国語で教養や専門知識をそうとうつけられる所には、ハンディがあるわけです。

このあたりのことについては、理解しておいたほうがよいでしょう。

したがって、一見、「点数が低いから、日本人は劣《おと》っている」というように見えたとしても、仕事をさせてみたら、必ずしもそうはならないことは知っておく必要があります。言葉の流暢さそのものは、実際に海外へ留学したり勤務したりしていると追いついていくので、そのあとは、結局、「中身の勝負」になってくるのです。

高卒でも六カ国語を学んでウガンダ大使になった人もいる

これに関する話として、今、ウガンダ大使になっておられる人が、最近、『高卒でも大使になれた』（藤田《ふじた》順三《じゅんぞう》著）という本を書いています。

この人は、高校を卒業後、銀行に就職したそうです。商業高校だったため、いわゆる「そろばんを入れられる」、つまり、貸借《たいしゃく》対照表等の計算ができるということなのでしょう。

そして、「語学を勉強しよう」と思い立ち、六カ国語ができるようになったそうです。

どのように勉強したかと言えば、要するに、NHKのラジオ講座で五カ国語を学んだのだといいます。「五カ国語を順番に学んだのではなく、同時に学んだ」と本には書いてあるので、毎日のように聴《き》いていたのだと思います。

これが成り立つのかどうかは、私も若干《じゃっかん》疑問がないわけではありません。自分にはできたかと考えてみると、やはりできないだろうと思いますので、この人は語学だけに集中していたのでしょう。銀行時代には、帰宅したら語学ばかりしていたと思われますが、日本語で勉強するものがたくさんある方には、そこまでの時間はなかなか取れないはずなので、一つの参考にしかならないかもしれません。

ただ、合計六カ国語ができるようになって、どういうルートか、外務省に入り、今はウガンダ大使になっているのです。

当時、高卒では、国家公務員の初級職または中級職レベルでしょうけれども、「大使になっている」ということは、上級職扱《あつか》いになったことを意味します。いちおう外務省ですから、ある程度のレベルまで行ったのは間違《まちが》いありません。英語以外に五カ国語を同時併行《へいこう》で学んだと書いていました。

おそらく、それによって「捨てているもの」もかなりあると思われますが、銀行等に勤めていたこともあって、普通の仕事の仕方や経済等についての勉強ができたのかもしれません。

そのような条件があったにせよ、そういう方もいるので、「できないこともない」という実例があるわけです。

もし、ウガンダに出張する人などがいれば、ぜひご本人に接触《せっしょく》あるいは接近してみてください。どんな方かは知りませんが、六カ国語をどの程度まで話せるのかを調べてみたいものです。「喫茶《きっさ》店に入って朝食を注文できる」というレベルなのか、それとも、本当に仕事で通用するレベルまで六カ国語を話せるのか、私も関心はあります。

百語程度のレベルであっても、「会話ができる」という場合もあるので、そこで諦《あきら》めるなら、かなりの数は行くと思いますし、それなりの才能があるのでしょうが、どのレベルまで行っているのかについては、多少の疑問はあります。

いずれにしても、大使ができるほどの人ですから、おそらく、英語はそうとうのレベルまで行っているのでしょう。そういう方もいるのです。

ただ、私も含めて一般《いっぱん》の凡人はなかなかそこまで行きませんので、たいていの大学における第二外国語の場合には、英語検定などのいわゆる検定試験で、三級レベル程度まで行けば真面目《まじめ》なほうではないでしょうか。きちんと勉強して、中国語検定三級やフランス語検定三級などを取れるレベルまで行っているだけでも、けっこう真面目な学生であり、真面目でない人は五級か四級のあたりをフラフラするレベルで止まり、それも何年かすれば〝蒸発〟して消えるというのが普通です。

普通の人は、だいたいそのレベルだと知っておいたほうがよいと思います。

高校時代に覚えた小説の一節を、ドイツ語で暗唱してみせた上司

外国語学習と言えば、私の商社時代の財務本部長で取締役《とりしまりやく》だった人のことを思い出します。旧制武蔵《むさし》高校から東大法学部を出ていて、大学では私の三十年ほど先輩《せんぱい》に当たる人です。

その人が名古屋《なごや》に赴任《ふにん》したとき、「単身赴任で退屈《たいくつ》だから」と自宅に呼ばれ、話をしたのですが、私が大学時代に、第二外国語としてドイツ語を専攻《せんこう》したことを知っていたこともあってか、ドイツのシュトルムという作家の話になりました。

シュトルムは、『みずうみ』(原題"Immensee《インメンゼー》")という短編小説を非常に美しいドイツ語で書いていますが、なんと、その人は旧制武蔵高校のときに学んだドイツ語の『インメンゼー』の一節を、私の前で暗唱したのです。これには参りました。すでに五十歳《さい》を超《こ》えていたにもかかわらず、旧制高校時代に覚えたものを、三十数

年後に諳《そら》んじてみせたので、本当に参りました。

私も大学を卒業してから何年かたっていて、すでに忘れており、かろうじて題を覚えていたぐらいでありますけれども、その人がサラッと最初の段を暗唱《あんしょう》し始めたので、「参った！　昔の旧制高校は、けっこうレベルが高いなあ」と思ったのを覚えています。

そういう暗記力の高い人もいるとは思いますが、普通の人は、大学を卒業してしばらくしたら忘れていきます。そのため、「どこかで、もう一回勉強し直し、知的努力を重ねなければ、第二外国語以降を維持《いじ》するのは難しい」ということは知っておいたほうがよいでしょう。

できれば、第二外国語をもう一回勉強し、その国に関係のあるところに出張したり、仕事で行く用事や旅行の予定をつくったりするなどして、ときどき使う練習をするとよいのではないかと思います。

7　知っておきたい外国語学習のポイント

外国語学習の本質は「見切り」だと知ることが大事

とにかく、外国語はけっこう手強《てごわ》いのだということは知っておいてください。外交官になるのであれば、日本語を母国語としながら、昔から英語・ドイツ語・フランス語の三カ国語のマスターは必須《ひっす》だったのですが、今は国連言語として、アラビア語や中国語、スペイン語等も入っています。それだけ、複数の外国語を習得するのは手強いものだということです。

したがって、「外国語学習の本質は、実は『見切り』なのだ」ということを知ったほうがよいでしょう。これは見切りができるかどうかにかかっています。見切りの腕《うで》なのです。

要するに、「この勉強にどこまで時間をかけてよいか。勉強するべきところはここまでだな。これ以上の時間をかけたら、ほかのところがえぐれてきて、もう、もたない」というところは自分で分かるはずです。「内容的な見切り」と、それにかける「時間の見切り」が必要なのです。

まず、「世界共通語」としての英語を実務で使えるレベルまで上げる

同時に五カ国語を勉強してマスターできるような人は立派な方なので、それについてはもう何も言うことがありませんが、商業高校を出た人が「ＮＨＫ講座で五カ国語を勉強した」と言う以上、大学のいわゆる専門課程や教養課程の勉強は飛ばしているはずです。おそらくそちらをせず、語学だけに特化して、マスターすることに充《あ》てたと理解されます。

そのようなケースも多少はあるとしても、一般《いっぱん》的には大変なことで、それほど簡単ではないので、一定の見切りが必要です。「このレベルまで」という、だいたいの

目標を設定することが大事です。

今、世界でいちばん使われているのは英語であり、英語ができれば、とりあえず通用します。

そこで、まずは世界共通語としての英語が実務で使えるレベルまで、何としても漕《こ》ぎつけることが大事でしょう。見切りとしては、ここが第一条件です。

この「使えるレベル」というのは、英検の二級程度でしょうか。ただ、二級であっても実力のある方もいます。ほかの経験をしていて、試験を受けていないだけという方もいるので、一概《いちがい》には言えませんが、ギリギリ二級という、要するに高校卒業レベルの実力というだけでは、残念ながら、仕事では十分に通じないので、準一級レベルは必要です。

これを取るのにどの程度の労力がかかるかというと、前述したように、過去、大学の英文科や英語教育専攻《せんこう》で教員試験に通っている人でも、五割ちょっとしか通っていない試験であることを見れば分かるでしょう。

しかし、国際ビジネスマンとして通用するレベルはその前後です。そのあたりまではレベルを上げる必要があるので、まずは、英検準一級のレベルに到達《とうたつ》することを目標にしなければいけません。

ＨＳＵ（ハッピー・サイエンス・ユニバーシティ）でも、全学部の学生が、卒業までに準一級レベルまでは取ることを目指します。特に、国際コースでは、できれば英検一級、もしくは、ＴＯＥＩＣ《トーイック》九百点以上のレベルを目指すことになるでしょう。

ＴＯＥＩＣ《トーイック》と英検ではどちらが難しいか

ちなみに、現在、ＴＯＥＩＣについては、繰《く》り返し受ければ点数も上がっていく傾向《けいこう》があるようですが、ＴＯＥＩＣ九百点台の人でも、英検の一級はなかなか受からないようです。

ＴＯＥＩＣはテクニック性がかなり高く、ある程度パターンが決まっているため、繰り返し受験するとできるようになっていきます。しかし、英検のほうは、受験学力の延長上に実用英語が入ってきたような感じがあるので、もう少し、いわゆる受験勉強的な勉強の仕方をしないと受からないところがあるようです。たとえTOEIC九百点台の人でも、英検一級に受かる人と受からない人に、かなりはっきりと分かれるので、努力が多少要《い》るようであり、それほど簡単ではありません。

私が学生のころは英検一級のほうが受かりやすく、だいたい、東大を受験して受かるほどの英語の学力で、あと少しというレベルでした。

英検一級クラスの人が東大の英語を受けるとすると、百二十点満点中、七割を超《こ》えるぐらいの学力があれば、あとは、過去問を解いたり専門の勉強をしたりすれば、だいたい受かるレベルです。東大には五割ちょっとで受かるので、英語を得意科目にしている人ならば、あとは実用英語のところをやれば英検一級に届く範囲《はんい》にあるのです。英検一級自体も合格ラインは七割ぐらいにあるので、合格はそれほど遠いところにあるわけではありません。

昔はＴＯＥＩＣやＴＯＥＦＬ《トーフル》などのほうが特殊《とくしゅ》で、勉強するのにも大変だったのですが、今はアクセスがわりあい簡単なようです。

私のつくった英語教材で成績アップ者が続出

私は英語教材をたくさんつくっているのですが、そのなかには、やや耳を疑うようなものも多くあります。「ＴＯＥＩＣで得点を二割アップ」「一五〇点アップ」といった宣伝文句《もんく》が付いていますが、「それを勉強したら本当に点数が上がった」という話が数多く出てきています。その宣伝文句は私が実験して付けたものではなく、誰《だれ》かが勝手に付けているわけですけれども、「本当に点数が上がりました」という話をよく聞きます。

例えば、私の秘書のなかには、「ＴＯＥＩＣの試験前、苦し紛《まぎ》れに、先生の『これをやったら百点上がる』というテキスト（『連語中心　ＴＯＥＩＣスタンダード表現力増強法』〔宗教法人幸福の科学刊〕）を勉強しようと思ったものの、全部は覚えられないので、章末のチェックテスト（Review Test）だけを全部覚えていきました。そうしたら、ＴＯＥＩＣ八百五点が九百五点になって、本当に百点上がりました。先生の言葉に嘘《うそ》はありませんでした」という人がいました。

私は、「巻末のまとめの部分だけを勉強したら百点上がる」とは言っていないのですが、その人はそこだけを勉強して受けたら百点上がったそうです。「それはズルではないか。それをするだけで百点上げるというのは、あまりにもイージーすぎるのではないか」と感じなくもありません（笑）。

普通《ふつう》は、百点上げるためにはそうとうの時間がかかるはずなのですが、『「一〇〇点アップする」』という参考書の全部は覚えられないので、その章末のまとめの問題だけはすべて解けるようにしていったところ、実際に百点上がって、八百五点が九百五点になりました。「ありがとうございます」とお礼を言われて、私はキョトンとしてしまいました。「へえ。そんなに簡単に百点も上がったら大変だな」と思いながらも、「うん。まあ、それはそうだろう。霊験《れいけん》あらたかだから、そんなこともあるであろう！」と言ったりしているわけです（笑）。

そのように、私の教材で点数が上がったという人は数多くいますので、そういうもので、ある程度上げることもできると思います。

いずれにしても、何か自信をつけて、英語を使えるようにしたほうがよいでしょう。

8 「国際人の条件」について

国際人の条件①――「英語」で世界に情報発信ができる

・国連で英語演説をし、ノーベル平和賞を受賞したマララさん

二〇一四年、マララさんという少女（パキスタン出身の人権運動家）がノーベル平和賞を受賞しましたが、もし彼女が英語を話せなかったら、たぶん賞を取れていないはずです。

彼女はパキスタンで負傷したときのケガを治すためにイギリスの病院に入り、それから二年ほどイギリスの学校へ通っていますが、いちおう英語で話をすることはできました。それほど流暢《りゅうちょう》とは言えず、訛《なま》ってはいますが、意味が取れないことは

ない程度の英語は話せています。

そのくらいの英語でも、国連やほかのところで演説したものが、国際的にもいちおう分かったこともあってノーベル賞を取れましたが、英語を話せなかったら、取れていないでしょう。

そのようなもので、やはり世界に情報発信をするという意味では、いちおう英語で発信しておけば、ほかの言語にも訳せるため、通用するわけです。

それ以外の言語については、「自分の能力」と、「日本語で勉強しなければいけないものに、どの程度の重みがあるか」とい

マララ・ユスフザイ（1997～）
パキスタン出身の女性で、中学生のときにイスラム過激派武装組織から銃撃を受けて負傷するも、女性差別の撤廃や平和を訴える活動を続け、2014年、史上最年少の17歳でノーベル平和賞を受賞した。（上：ノーベル平和賞授賞式）

うことを比較《ひかく》しながら決めていけばよいと思います。

・ドラッカーは英語で読むほうがよく分かる？

また、経営学が専門の人であれば、経営学の本を読んでみてもよいでしょう。

例えば、「ドラッカーは、日本語で読むより英語で読むほうが分かる」という〝名言〟を吐《は》いている人がいました（松本泰典《まつもとやすのり》・松本摩耶《まや》著『夫婦《ふうふ》でＴＯＥＩＣ《トーイック》９９０点満点対談』〔幸福の科学出版刊〕参照）。「ほんまかいな!?」と訊《き》いてみたくなりますが、ドラッカーは、日本語で読むよりも英語で読んだほうがよく分かるそうです。

もしかしたら、「日本語で読んでもさっぱり分からないために、英語で読めば、少しは分かる」と言っているのかもしれないし、「日本語で分かる以上に分かる」と言っているのかもしれません。そのあたりは、私には分かりませんけれども、確かに、ドラッカーの英語自体は、大して難しい英語ではないでしょう。彼自身は、学術的な文をあまり書かない人でした。

日本では、ドラッカーを経営者が勉強したり、大学で教えたりもしていますので、非常に有名ですけれども、アメリカでドラッカーは正統派の経営学者と見なされていないのです。相手にされていないというか、多少傍流《ぼうりゅう》に当たります。

日本では、ヒットしたために、ドラッカーはたいへん有名ですけれども、アメリカでは、数字を出してデータ等を使うような、もう少し戦略性の高い「競争の経営学」が主流なのです。

ドラッカーの経営学には、思想性と文学性がかなり入っているため、どちらかといえば「思想」に近いのです。その意味では、日本人が読むのには読みやすいところがありますので、経営学部の人が、ドラッカーの分かりやすい本のどれかに英語で挑戦《ちょうせん》するのは、悪いことではないと思います。

国際人の条件②——世界の中心的な国の文化や宗教、政治について知っている

国際コースのほうは、学べることがたくさんあると思いますが、まず知っておい

てほしいことは、「異文化コミュニケーションをしなければいけない」ということです。

さらに、アメリカは超《ちょう》大国としては没落《ぼつらく》しつつありますが、世界の中心ですので、アメリカから発信されている考え方や文化は学ぶ必要があります。

また、アメリカと対抗《たいこう》しようとして出てきている勢力についての勉強も必要でしょう。例えば、中国がそうですし、イスラム圏《けん》がそうです。ロシアもそうかもしれません。そうした、アメリカと対抗しようとしている勢力の考え方や文化様式については、勉強が要《い》るでしょう。

これに関しては、「比較宗教学」において、キリスト教学や仏教学、イスラム教学等を学んでいくこと、つまり、「世界宗教」を学んでいくことが大事です。

それから、ユダヤ教や儒教《じゅきょう》、道教《どうきょう》、日本神道《しんとう》等の宗教の違《ちが》いを勉強する過程で、それと同じように、その国の現在ただ今の文化や考え方、政治的な動き等も比較して勉強すれば、教養がつくと思います。これが大事なことです。

国際人の条件③——「日本について語れる内容」を持っている

もう一つは、「日本からの情報発信」ということです。つまり、「あなたは、日本について語れるのか」ということが問われると思います。国際コース等の国際関係を中心にするコースにいたとしても、それが問われるのです。

例えば、あなたが外国に行き、一時間の話をする時間をもらったとします。そして、「日本に関することで、自分の得意なことや趣味《しゅみ》、あるいは専門でも構いませんから、一時間、英語で話してください」と言われた場合、それを話せるだけの内容があるかどうかが問われるでしょう。

日本のすべてについて網羅《もうら》することは簡単なことではありませんが、「政治についてなら語れます」「経済についてなら語れます」「歴史についてなら語れます」「宗教についてなら語れます」などというように、「日本について私は語れます」と言える内容を持っていることが、実は国際人としての条件であると私は思います。

そのため、「日本について語れない国際人」というのは信用できません。

また、ほとんどの人は外国の文化を深く勉強すると、必ず日本文化に戻《もど》ってくるそうです。やはり、日本人としてのルーツやアイデンティティー（独自性）を勉強し直したくなるのです。必ずそうなります。

例えば、「日本史を忘れたため、訊《き》かれても答えられなかった」というようなことがあるでしょう。「平安時代と鎌倉《かまくら》時代は、どちらが先だったかな？」という感じでボーッとしているのが普通《ふつう》です。社会人になって十年もたてば、だいたいそうなります。「平安時代と鎌倉時代……。江戸《えど》時代よりは前だよなあ。でも、どういう順番だったかな？」「白鳳《はくほう》時代や飛鳥《あすか》時代は、いったいどのあたりだったかな？」というように分からないのが普通です。三十五歳《さい》ぐらいになったら、これが普通なのです。歴史小説を読むなり、大河《たいが》ドラマを観《み》るなりして、もう一度、勉強しないかぎり忘れていきます。そのため、勉強し直す必要があるのです。

やはり、外国人から日本の歴史について訊かれても答えられないような頼《たよ》りない日本人は、だいたい相手にされなくなるわけです。しかし、日本の歴史は知らなくても、「いや待った！　私はこれについては知っている」ということがあれば、それは通用します。

例えば、「日本史は知らないけれども、地理であれば、日本のどこのことを訊いてくれても大丈夫《だいじょうぶ》だ。答えられる」と言うなら、それなりになりますし、あるいは、「日本の産業についてなら答えられる。それは言える」ということであれば、生き残れるでしょう。

しかし、「何も言うことがありません」ということであれば、相手はキョトンとした感じになるので、気をつけていただきたいと思います。

9 「グローバリズム」とは何か

グローバル人材について〝口頭試問〟をした大学審議会《しんぎかい》

ほかに国際教養について話しておくべきことでは、グローバリズム系の話が残っていますので、述べてみたいと思います。

二〇一四年、幸福の科学大学の大学設置審査の過程においては、九鬼《くき》学長候補（当時の役職）らが審議会の面接審査を受けるようなこともあったようです。各学長が並んでいるなかで、「君ねえ、申請《しんせい》書類にはいろいろと書いてあるけれども、グローバル人材の意味が分かっているのかね？　グローバル人材について説明してみなさい」というような〝口頭試問《こうとうしもん》〟をされてしまったらしいのです。それは、大学入学、もしくは大学院入学のための面接試験のようなものでしょう。

そのときに質問したのは、筑波《つくば》大学の学長らしいのですが、その方から、「君はグローバル人材の定義を知らないのではないか。グローバル人材の定義について十分に分からないような者に大学の学長ができるのか」というような〝いちゃもん〟がついたようなのです。

私はそれを間接的に聞いたのですが、「幸福の科学大学が、筑波大学にグローバリズムについて〝試験〟されるのか」と思って、少し頭にきました。「こちらは世界百カ国以上で活動している団体であり、そこがつくろうとしている大学なのだ。筑波大学にグローバルの定義について〝試験〟される謂《いわ》れはない。教祖を怒《おこ》らせるような内容をよく言うものだな」と怒ったわけです。

私はその話の内容を聞いて、「こちらを小学生のように扱《あつか》っているのか。なめるんじゃない！」と思いましたが、グローバリズムには定義がいろいろあることは事実です。

「グローバリズム」を中国語に言い換《か》えただけの「全球主義《ぜんきゅう》」

先ほど述べた、国際教養大学をつくり、東京外国語大学の学長でもあった中嶋嶺雄《なかじまみねお》氏がグローバリズムについて書いているものを読んだのですが、「これはないだろう」と思ったものに、漢字で「全球主義《ぜんきゅう》」と書いた言葉がありました。これは中国語ですが、「中国語では、グローバリズムのことを全球主義と言うのだ」という説明で終わっているのです。

それを読んで、私は、「グローバリズムを中国語に言い換《か》えただけではないか」と驚《おどろ》きました。

確かに地球や地球儀《ちきゅうぎ》は丸いですが、「全球主義は、球《きゅう》の面から考えることだ。地球というものを球で考えることだ。中国語で言う全球主義がグローバリズムなのだ」という説明で終わっているので、「いくら何でも、この説明はないだろう」と感じたのを覚えています。

中国語に置き換えたら、それでグローバリズムになるのでしょうか。そうであれば、「グローバリズムは英語であるので、アメリカ主義を世界に押《お》し付けることだと考えている人がたくさんいるが、全球主義と置き換えた場合、これは中国語であるので、中国の覇権《はけん》が世界に及《およ》ぶことである」と考えることができます。

当然、習近平《しゅうきんぺい》はそう考えているでしょう。習近平におけるグローバリズムは「全球主義」であり、中国語が全世界で語られ、中国文化が全世界に行き渡《わた》り、全世界の国々が北京《ペキン》に朝貢《ちょうこう》するようになる状態でしょう。

「受け身の国際化」と「能動的なグローバリズム」という説

そのほかにも、二〇一四年に、私は『究極の国家成長戦略としての「幸福の科学大学の挑戦《ちょうせん》」』（幸福の科学出版刊）という対談形式で大学（ＨＳＵ）の責任者たちと語った本を出しました。

そのなかには、「二〇一四年の東大の入学式において、雅子妃《まさこひ》のお父様であり、国際司法裁判所の所長もされていた小和田恆《おわだひさし》さんがゲストで呼ばれ、『国際化とグローバリズムは違《ちが》う』という話をされた」ということを紹介《しょうかい》した部分がありました。

私は、小和田さんの話で紹介した国際化の考え方について、ストレートに受け入れたわけではありませんが、「珍《めずら》しい説かな」と思いながら聴《き》いていたわけです。

小和田さんが、東大の入学式で話していたことは次のような内容です。

「『国際化』はわりに受け身であり、自動的に起きることである。明治維新《いしん》が起きたことにより、自動的に国際化が進んできて、外国の文物《ぶんぶつ》がいろいろと入ってきた。学問も入れば、生活様式も入ってきて、着るものや食べるものなど、全部、洋風に変わってきた。これが国際化である。受け身であり、勝手に入ってくるものに影響《えいきょう》を受けることが国際化なのだ。

『グローバリズム』はそうではなく、もう少し主体性がある。能動性があり、『これを広げていきたい』という理念がある。例えば、『民主主義という価値を広げていきたい』『人権という思想を広げていきたい』など、普遍《ふへん》的な価値を世界に広げていきたいという気持ちがある。そういう能動的な考え方が入ったものがグローバリズムであり、『開国をしたために、いろいろなものが入ってきて国際化した』という受け身のかたちが国際化なのだ」

これが彼の説です。長い話のなかで心に残るものはほとんど何もありませんでしたが、この部分は珍しかったので、そこを取り出して述べたわけです。一つの説ではありますが、認定されてはいないでしょう。

そういう意味で、「グローバリズムには複数性があるらしい」ということは、確かに言えるかと思います。

日本の大学は海外の大学に比べて後《おく》れているのか

また、小和田さんは、「グローバリズムと国際化は違う」ということ以外に、次のようなことも述べていました。

「英語の勉強などは外国に行けば、いろいろとできる。自分は戦後の東京大学教養学部を卒業してから外務省に入り、その後、ケンブリッジ大学大学院に留学したが、日本の東大で勉強したことは、学問ではなかった。戦後まもないころであったのもあると思うが、学問と言えるような代物《しろもの》ではなかった。

そのため、非常にがっかりしたけれども、外務省に入ってからケンブリッジに留学したら、『ああ、これが学問なのだ！　英語を勉強して深い学問を学んでよかった！』という感じがした。そういう意味で、君たちも海外留学をする経験があるといいよ」

このようなことを述べていました。

しかし、戦後まもないころの東大の学問はひどかったのだろうと想像はつきますが、その後は、そういうわけでもないでしょう。海外の大学では日本語が読めず、日本で何を研究しているのかが分からないので、評価が低いだけであると私は思います。そのため、今、東大はケンブリッジ大学とそれほど差があるとは思いません。

ある人によれば、「イギリスでさえ、日本より五十年後《おく》れている」という説もあるそうですし、「ヨーロッパ全体も後れている」という説もあります。

以前、私がイタリア旅行をしたときには、「イタリアは日本より三十年ぐらい後れている」と言われていました。その当時は、「アメリカは日本より十年進んでいる」と言われていた時代です。そのとき、イギリスがそんなに後れているという話は聞かなかったのですが、「もうすでに後れていた」と言っている人もいるので、小和田さんが経験したころのイギリスと同じ状態であるかどうかは分かりません。

そういう考えの違いがあったことは、言っておきたいと思います。

日本経済を弱らせた「グローバルスタンダード」という考え方

先ほど述べたように、「全球主義」という考えもあるようですが、これについては定義がはっきりしていないと思います。

ただ、九〇年代以降、「グローバリズム」という言葉が広がることに合わせて、日本経済が弱っていったことだけは事実です。これは、私が指摘《してき》していることです。例えば、「グローバルスタンダード（世界標準）」という言葉が日本に入ってきましたが、これは、「アメリカに有利な基準で全部を統一していく」という考え方です。これが入ってきてから、まず日本の銀行システムが崩《くず》れました。

要するに、アメリカは日本の経済システムを理解せずに、自分たちが実践《じっせん》している考え方で言っているのです。つまり、アメリカは借金体質の国であるため、「借金体質の国がつくった経済の規範《きはん》」なわけです。

このように、「グローバリズム」や「グローバルスタンダード」という言葉が入ってきて、「スタンダード・アンド・プアーズ」のような民間企業《きぎょう》が格付けを勝手にしてくれるのですが、日本の経済システムを分かっていないで格付けしている面がそうとうあると思います。

それによって、日本の銀行は弱り、企業がたくさん倒産《とうさん》し、失業者や自殺者がたくさん出るようになりましたので、これらのなかにも確かに間違いがあったのではないかと思っています。

リーマン・ショックで明らかになった「日米の逆転」

日本には、日本独自に発達した資本主義の部分があったと思います。

それについて、アメリカが分かったのは、実は二〇〇八年のリーマン・ショックのときです。これを経験して、「九〇年代、なぜ日本があんなにガタガタになったのか。日本がやっていたことが何だったのか。苦しんでいたことが何だったのか」ということが分かったのです。

これは、実は、「日米は金融論《きんゆう》において逆転していた」ということを意味しています。日本のほうが、十数年前にすでに同じようなことを経験していたわけです。

私は、「国際金融論」が専門なので、それについてはよく分かります。八〇年代の初めから、レバレッジの話などもされていましたが、その当時、私は、「これは間違っている。いずれ崩壊《ほうかい》する」ということが分かっていました。しかし、それが崩壊するのには、二〇〇八年までかかっています。

当時、商社に勤めていた私のところにも、米銀からいろいろなレバレッジの勧《すす》めがたくさん来ていましたが、それらをいろいろと読んでみた結果、八〇年代の初めには、「これは理論的に間違っているので、崩壊する」ということが、私はもう分かっていました。ただ、ノーベル賞を取った人たちなどが三人がかりでつくったシステムが崩壊するのには、二〇〇八年までかかったわけです。

日本は、そういうことにはならずに済んでいたと思います。そのため、今の日米の関係は互《たが》いに、あるところは進み、あるところは後れているような状況《じょうきょう》でしょう。リーマン・ショック以前は、「日米の差は三年である。三年ほどアメリカが進んでいる」と言われていましたが、リーマン・ショック以降はもう分かりません。アメリカは一部は進んでいますが、一部は後れています。「軍事」と「宇宙」の分野に関しては間違いなく進んでいると思われますが、それ以外については、日本より進んでいるかどうかは分からないわけです。

「二大政党制」は必ずしも進んでいるシステムとは言えない

また、「二大政党制」についても進んでいるシステムかどうかは分かりません。アメリカの政治に関しては、共和党と民主党の二大政党が交代で政権を担《にな》っていますが、これが本当に進んでいるかどうかは分からないのです。

日本でも自民党と民主党の二大政党がそれぞれ政権を運営しましたので、そのガタガタの様子を見れば、そのように感じるでしょう。選択肢《せんたくし》が二つしかなく、極端《きょくたん》から極端に、片方から片方に揺《ゆ》れてそれぞれ違うことをされた場合、統一した国策が採れないため、経済的にはそんなに成功せず、国民の生活が安定しないということが分かります。

さらに、イギリスでは、二大政党制は失敗しています。イギリスは保守党と労働党の二大政党で政治を行ったために、二流国へと転落していっているのは明らかです。つまり、イギリスでは、二大政党制が〝ガン〟なのです。保守党と労働党では実行することが全然違いますので、「政権交代の度《たび》に国有化したり、民営化したりする」というようなことを繰《く》り返し行っているわけです。

これによって、「世界では、二大政党制は必ずしも進んでいるシステムとは言えない」ということが分かったと思います。ですから、このあたりで「小選挙区制」についても考えるべきです。小選挙区制は二大政党制、あるいは、一党が強くなる体制には有利なのですが、もう一度、それがよいかどうかを考える余地があるでしょう。

世界一に向かっている中国に留学しない理由

また、「世界全体を見渡して、中国のほうが進んでいる。国として大きくなったし、世界一に向かっている。軍事的にも強くなっている。人口も多いし、経済も世界二位になって一位を目指している。まもなく一位になるかもしれない。そのため、ほとんどの人は中国に留学する」のかと言えば、しないでしょう。

なぜでしょうか。それは、「民主主義がない」「人権の価値が分かっていない」「封建制《ほうけん》が残っている」「帝政《ていせい》に近い感じが残っている」「軍事力で抑《おさ》え込《こ》む」「言論の自由がない」「建前《たてまえ》と本音が全然違っている」「国民が良心の部分を隠《かく》している」というようなシステムがあるからです。

これらは、香港《ホンコン》のデモによって世界的に公表されたものと同じでしょう。これらを見れば、多くの人がそんなに中国へ留学したいわけではないことが分かると思います。

したがって、「複眼的」に、「公平」に世界を見て考えなければいけません。ほかの文化も勉強しつつも、これから未来になすべきことは何であるかを研究し、日本のよさも紹介できるような人間になっていくことが、国際教養をつけていく道でしょう。

以上が、「国際教養概論《がいろん》」講義です。

あとがき

国際方面へ進む人へのヒントとして、意外に日本語での教養や専門知識が大事なことを述べてきた。私自身、日本人のガイド英語や英会話の外国人講師の教養のなさに失望したことが多かったからだ。

幸福の科学学園を創った時、ある生徒が私の英語の授業を聞いて、映画『マイ・フェア・レディ』に出てくる言語学の教授みたいだと感想を述べていた。

確かに、外国語の方言《ほうげん》の違いまで聞きわける日本人は少ないかもしれない。

しかし、やっぱり言っておきたいことは、語学は才能より努力の面が大きいということだ。また、国際教養には、歴史や地理、比較文化論・比較宗教学の知識はもとより、国際政治や国際経済の知識も必要になってくるのだ。とうてい百点満点はありえないのだ。自分の人間としての成長とともに深めていくものだろう。

二〇一五年　一月二十七日

幸福《こうふく》の科学《かがく》グループ創始者兼総裁《そうししゃけんそうさい》
HSU（ハッピー・サイエンス・ユニバーシティ）創立者《そうりつしゃ》　大川隆法《おおかわりゅうほう》

『「国際教養概論」講義』大川隆法著作関連書籍

『外国語学習限界突破法』（幸福の科学出版刊）
『プロフェッショナルとしての国際ビジネスマンの条件』（同右）
『大学生からの超高速回転学習法』（同右）
『究極の国家成長戦略としての「幸福の科学大学の挑戦」』（同右）
『日本人よ、世界の架け橋となれ！』（同右）

『黒帯英語』シリーズ（宗教法人幸福の科学刊）
『英検1級攻略のための最終兵器――英単熟語集――』（同右）
『連語中心 TOEICスタンダード表現力増強法』（同右）

※左記は書店では取り扱っておりません。最寄りの精舎・支部・拠点までお問い合わせください。

「国際教養概論《こくさいきょうようがいろん》」講義《こうぎ》

2015年2月3日　初版第1刷

著　者　大《おお》川《かわ》隆《りゅう》法《ほう》

発行所　幸福の科学出版株式会社

〒107-0052 東京都港区赤坂2丁目10番14号
TEL(03)5573-7700
http://www.irhpress.co.jp/

印刷・製本　株式会社 堀内印刷所

落丁・乱丁本はおとりかえいたします

ISBN978-4-86395-640-7 C0030

写真：Photoshot ／時事通信フォト

大川隆法「法シリーズ」・最新刊

智慧の法

法シリーズ
第21作

心のダイヤモンドを輝かせよ

現代における悟りを多角的に説き明かし、
人類普遍の真理を導きだす——。
「人生において獲得すべき智慧」が、
今、ここに語られる。
著者渾身の「法シリーズ」最新刊

2,000円

第１章　繁栄への大戦略
——一人ひとりの「努力」と「忍耐」が繁栄の未来を開く
第２章　知的生産の秘訣　——付加価値を生む「勉強や仕事の仕方」とは
第３章　壁を破る力　——「ネガティブ思考」を打ち破る「思いの力」
第４章　異次元発想法　——「この世を超えた発想」を得るには
第５章　智謀のリーダーシップ　——人を動かすリーダーの条件とは
第６章　智慧の挑戦　——憎しみを超え、世界を救う「智慧」とは

※表示価格は本体価格（税別）です。

大川隆法 ベストセラーズ・真の国際人を目指して

プロフェッショナルとしての国際ビジネスマンの条件

実用英語だけでは、国際社会で通用しない！ 語学力と教養を兼ね備えた真の国際人をめざし、日本人が世界で活躍するための心構えを語る。

1,500 円

国際伝道を志す者たちへの外国語学習のヒント

国際伝道に求められる英語力、教養レベルとは？ 230 冊の英語テキストを発刊し、全世界 100 カ国以上に信者を持つ著者が語る「国際伝道師の条件」。

1,500 円

夢に生きる女性たちへ

津田塾大学創立者・津田梅子の霊言

才能や夢を持った女性たちに、どんな未来の扉を開くべきか。生涯を女子教育に捧げた元祖キャリアウーマンが贈る「現代女性へのアドバイス」。

1,500 円

日本人よ、世界の架け橋となれ！

新渡戸稲造の霊言

日本がもう一度開国し、未来志向の国になるために――。「武士道」を世界に広めた明治の国際人・新渡戸稲造による「新時代の自己啓発書」。

1,500 円

※表示価格は本体価格（税別）です。

大川隆法ベストセラーズ・英語の達人を目指して

英語が開く「人生論」「仕事論」

知的幸福実現論

あなたの英語力が、この国の未来を救う――。国際的な視野と交渉力を身につけ、あなたの英語力を飛躍的にアップさせる秘訣が満載。

1,400円

外国語学習限界突破法

日本人が英語でつまずくポイントを多角的に分析。文法からリスニング、スピーキングまで着実にレベルをアップさせる秘訣などをアドバイス。

1,500円

英語界の巨人・斎藤秀三郎が伝授する英語達人への道

受験英語の先にほんとうの英語がある!明治・大正期の英語学のパイオニアが贈る「使える英語」の修得法。英語で悩める日本人、必読の書。

1,400円

渡部昇一流・潜在意識成功法

「どうしたら英語ができるようになるのか」とともに

英語学の大家にして希代の評論家・渡部昇一氏の守護霊が語った「人生成功」と「英語上達」のポイント。「知的自己実現」の真髄がここにある。

1,600円

大川隆法 ベストセラーズ・国際政治・外交を考える

国際政治を見る眼

世界秩序《ワールド・オーダー》の新基準とは何か

日韓関係、香港民主化デモ、深刻化する「イスラム国」問題など、国際政治の論点に対して、地球的正義の観点から「未来への指針」を示す。

1,500 円

危機の時代の国際政治

藤原帰一 東大教授 守護霊インタビュー

「左翼的言論」は、学会やメディア向けのポーズなのか？ 日本を代表する国際政治学者の、マスコミには語られることのない本音が明らかに！

1,400 円

「忍耐の時代」の外交戦略 チャーチルの霊言

もしチャーチルなら、どんな外交戦略を立てるのか？ 〝ヒットラーを倒した男〟が語る、ウクライナ問題のゆくえと日米・日ロ外交の未来図とは。

1,400 円

外交評論家・岡崎久彦 ―後世に贈る言葉―

帰天後３週間、天上界からのメッセージ。中国崩壊のシナリオ、日米関係と日ロ外交など、日本の自由を守るために伝えておきたい「外交の指針」を語る。

1,400 円

※表示価格は本体価格（税別）です。

大川隆法 ベストセラーズ・世界の宗教について理解を深める

宗教社会学概論

人生と死後の幸福学

なぜ民族紛争や宗教対立が生まれるのか？ 世界宗教や民族宗教の成り立ちから、教えの違い、そして、その奥にある「共通点」までを明らかにする。

1,500円

比較宗教学から観た「幸福の科学」学・入門

性のタブーと結婚・出家制度

同性婚、代理出産、クローンなど、人類の新しい課題への答えとは？ 未来志向の「正しさ」を求めて、比較宗教学の視点から、仏陀の真意を検証する。

1,500円

人間学の根本問題

「悟り」を比較分析する

肉体と魂の探究、さらには悟りまでを視野に入れて、初めて人間学は完成する！ 世界宗教の開祖、キリストと仏陀から「人間の最高の生き方」を学ぶ。

1,500円

幸福の科学出版

学部のご案内

人間幸福学部

人間学を学び、新時代を切り拓くリーダーとなる

人間の本質と真実の幸福について深く探究し、
高い語学力や国際教養を身につけ、人類の幸福に貢献する
新時代のリーダーを目指します。

経営成功学部

企業や国家の繁栄を実現し、未来を創造する人材となる

企業と社会を繁栄に導くビジネスリーダー・真理経営者や、
国家と世界の発展に貢献し
未来を創造する人材を輩出します。

未来産業学部

新文明の源流を創造するチャレンジャーとなる

未来産業の基礎となる理系科目を幅広く修得し、
新たな産業を起こす創造力と企業家精神を磨き、
未来文明の源流を開拓します。

校舎棟の正面

学生寮

体育館

住所 〒299-4325 千葉県長生郡長生村一松丙 4427-1
TEL.0475-32-7770

Noblesse《ノーブレス》 Oblige《オブリージ》

「高貴なる義務」を果たす、
「真のエリート」を目指せ。

幸福の科学学園
中学校・高等学校（那須本校）

Happy Science Academy Junior and Senior High School

私は、
教育が人間を創ると
信じている一人である。
若い人たちに、
夢とロマンと、精進、
勇気の大切さを伝えたい。
この国を、全世界を、
ユートピアに変えていく力を
出してもらいたいのだ。

（幸福の科学学園 創立記念碑より）

幸福の科学学園 創立者
大川隆法

幸福の科学学園（那須本校）は、幸福の科学の教育理念のもとにつくられた、男女共学、全寮制の中学校・高等学校です。自由闊達な校風のもと、「高度な知性」と「徳育」を融合させ、社会に貢献するリーダーの養成を目指しており、2015年4月には開校五周年を迎えます。

Noblesse《ノーブレス》 Oblige《オブリージ》

「高貴なる義務」を果たす、
「真のエリート」を目指せ。

幸福の科学学園
関西中学校・高等学校

Happy Science Academy Kansai Junior and Senior High School

私は日本に
真のエリート校を創り、
世界の模範としたい
という気概に満ちている。
『幸福の科学学園』は、
私の『希望』であり、
『宝』でもある。
世界を変えていく、
多才かつ多彩な人材が、
今後、数限りなく
輩出されていくことだろう。
（幸福の科学学園関西校 創立記念碑より）

幸福の科学学園 創立者
大川隆法

滋賀県大津市、美しい琵琶湖の西岸に建つ幸福の科学学園（関西校）は、男女共学、通学も入寮も可能な中学校・高等学校です。発展・繁栄を校風とし、宗教教育や企業家教育を通して、学力と企業家精神、徳力を備えた、未来の世界に責任を持つ「世界のリーダー」を輩出することを目指しています。

幸福の科学学園・教育の特色

「徳ある英才」の創造

教科「宗教」で真理を学び、行事や部活動、寮を含めた学校生活全体で実修して、ノーブレス・オブリージ(高貴なる義務)を果たす「徳ある英才」を育てていきます。

体育祭

天分を伸ばす「創造性教育」

教科「探究創造」で、偉人学習に力を入れると共に、日本文化や国際コミュニケーションなどの教養教育を施すことで、各自が自分の使命・理想像を発見できるよう導きます。さらに高大連携教育で、知識のみならず、知識の応用能力も磨き、企業家精神も養成します。芸術面にも力を入れます。

探究創造科発表会

一人ひとりの進度に合わせた「きめ細やかな進学指導」

熱意溢れる上質の授業をベースに、一人ひとりの強みと弱みを分析して対策を立てます。強みを伸ばす「特別講習」や、弱点を分かるところまでさかのぼって克服する「補講」や「個別指導」で、第一志望に合格する進学指導を実現します。

授業の様子

自立心と友情を育てる「寮制」

寮は、真なる自立を促し、信じ合える仲間をつくる場です。親元を離れ、団体生活を送ることで、縦・横の関係を学び、力強い自立心と友情、社会性を養います。

毎朝夕のお祈りの時間

幸福の科学学園の進学指導

1 英数先行型授業

受験に大切な英語と数学を特に重視。「わかる」（解法理解）まで教え、「できる」（解法応用）、「点がとれる」（スピード訓練）まで繰り返し演習しながら、高校三年間の内容を高校二年までにマスター。高校二年からの文理別科目も余裕で仕上げられる効率的学習設計です。

2 習熟度別授業

英語・数学は、中学一年から習熟度別クラス編成による授業を実施。生徒のレベルに応じてきめ細やかに指導します。各教科ごとに作成された学習計画と、合格までのロードマップに基づいて、大学受験に向けた学力強化を図ります。

3 基礎力強化の補講と個別指導

基礎レベルの強化が必要な生徒には、放課後や夕食後の時間に、英数中心の補講を実施。特に数学においては、授業の中で行われる確認テストで合格に満たない場合は、できるまで徹底した補講を行います。さらに、カフェテリアなどでの質疑対応の形で個別指導も行います。

4 特別講習

夏期・冬期の休業中には、中学一年から高校二年まで、特別講習を実施。中学生は国・数・英の三教科を中心に、高校一年からは五教科でそれぞれ実力別に分けた講座を開講し、実力養成を図ります。高校二年からは、春期講習会も実施し、大学受験に向けて、より強化します。

詳しい内容、パンフレット、募集要項のお申し込みは下記まで。

幸福の科学学園 関西中学校・高等学校

〒520-0248
滋賀県大津市仰木の里東2-16-1
TEL.077-573-7774
FAX.077-573-7775
[公式サイト]
www.kansai.happy-science.ac.jp
[お問い合わせ]
info-kansai@happy-science.ac.jp

幸福の科学学園 中学校・高等学校

〒329-3434
栃木県那須郡那須町梁瀬 487-1
TEL.0287-75-7777
FAX.0287-75-7779
[公式サイト]
www.happy-science.ac.jp
[お問い合わせ]
info-js@happy-science.ac.jp

仏法真理塾

サクセスNo.1

未来の菩薩を育て、仏国土ユートピアを目指す！

仏法真理塾「サクセスNo.1」とは

宗教法人幸福の科学による信仰教育の機関です。信仰教育・徳育にウエイトを置きつつ、将来、社会人として活躍するための学力養成にも力を注いでいます。

サクセスNo.1 東京本校（戸越精舎内）

「サクセスNo.1」のねらいには、「仏法真理と子どもの教育面での成長とを一体化させる」ということが根本にあるのです。

大川隆法総裁　御法話「『サクセスNo.1』の精神」より

エンゼルプランV

信仰教育をベースに、知育や創造活動も行っています。

信仰に基づいて、幼児の心を豊かに育む情操教育を行っています。また、知育や創造活動を通して、ひとりひとりの子どもの個性を大切に伸ばします。お母さんたちの心の交流の場ともなっています。

TEL 03-5750-0757　FAX 03-5750-0767
メール angel-plan-v@kofuku-no-kagaku.or.jp

ネバー・マインド

不登校の子どもたちを支援するスクール。

「ネバー・マインド」とは、幸福の科学グループの不登校児支援スクールです。「信仰教育」と「学業支援」「体力増強」を柱に、合宿をはじめとするさまざまなプログラムで、再登校へのチャレンジと、進路先の受験対策指導、生活リズムの改善、心の通う仲間づくりを応援します。

TEL 03-5750-1741　FAX 03-5750-0734
メール nevermind@happy-science.org

ユー・アー・エンゼル!(あなたは天使!)運動

障害児の不安や悩みに取り組み、ご両親を励まし、勇気づける、障害児支援のボランティア運動です。学生や経験豊富なボランティアを中心に、全国各地で、障害児向けの信仰教育を行っています。保護者向けには、交流会や、医療者・特別支援教育者による勉強会、メール相談を行っています。

TEL 03-5750-1741　FAX 03-5750-0734
メール you-are-angel@happy-science.org

シニア・プラン21

生涯反省で人生を再生・新生し、希望に満ちた生涯現役人生を生きる仏法真理道場です。週1回、開催される研修には、年齢を問わず、多くの方が参加しています。現在、全国8カ所(東京、名古屋、大阪、福岡、新潟、仙台、札幌、千葉)で開校中です。

東京校 TEL 03-6384-0778　FAX 03-6384-0779
メール senior-plan@kofuku-no-kagaku.or.jp

入会のご案内

あなたも、幸福の科学に集い、ほんとうの幸福を見つけてみませんか？

幸福の科学では、大川隆法総裁が説く仏法真理をもとに、「どうすれば幸福になれるのか、また、他の人を幸福にできるのか」を学び、実践しています。

入会

大川隆法総裁の教えを信じ、学ぼうとする方なら、どなたでも入会できます。入会された方には、『入会版「正心法語」』が授与されます。（入会の奉納は1,000円目安です）

ネットでも**入会**できます。詳しくは、下記URLへ。
happy-science.jp/joinus

三帰《さんき》誓願《せいがん》

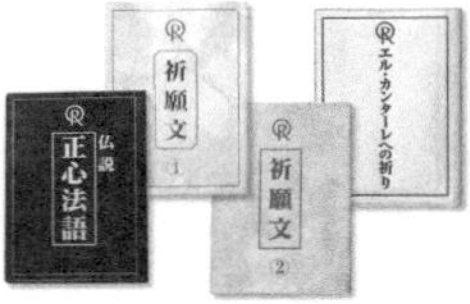

仏弟子としてさらに信仰を深めたい方は、仏・法・僧の三宝への帰依を誓う「三帰誓願式」を受けることができます。三帰誓願者には、『仏説・正心法語』『祈願文①』『祈願文②』『エル・カンターレへの祈り』が授与されます。

植福《しょくふく》の会

植福は、ユートピア建設のために、自分の富を差し出す尊い布施の行為です。布施の機会として、毎月1口1,000円からお申込みいただける、「植福の会」がございます。

「植福の会」に参加された方のうちご希望の方には、幸福の科学の小冊子（毎月1回）をお送りいたします。詳しくは、下記の電話番号までお問い合わせください。

月刊「幸福の科学」

ザ・伝道

ヤング・ブッダ

ヘルメス・エンゼルズ

INFORMATION	**幸福の科学サービスセンター** **TEL. 03-5793-1727**（受付時間 火～金：10～20時／土・日：10～18時） 宗教法人 幸福の科学 公式サイト **happy-science.jp**